‖ 인문교양총서 48

최한기의 시대 진단과 그 해법
:통섭형 인재되기

•

김경수

저자 **김경수**__경북대학교 철학과 강사

경북대학교 경영학부를 졸업하고, 같은 대학 철학과에서 석사와 박사학위를 취득하였다. 박사학위 논문(최한기 기학의 정치철학적 함의: 민주주의와 민본주의의 관련성을 중심으로)으로 2020년 제10회 모하실학논문상을 수상하였다. 그 밖의 주요 논문으로는 「다산 정약용의 민권론에 관한 비판적 연구」, 「최한기의 대동사상 연구」 등이 있다.

경북대 인문교양총서⓸⓼

최한기의 시대 진단과 그 해법: 통섭형 인재되기

초판 인쇄 2021년 6월 23일
초판 발행 2021년 7월 8일

지은이 김경수
기 획 경북대학교 인문대학
펴낸이 이대현
편 집 이태곤 권분옥 문선희 임애정 강윤경
디자인 안혜진 최선주 이경진
마케팅 박태훈 안현진

펴낸곳 도서출판 역락
주 소 서울시 서초구 동광로 46길 6-6 문창빌딩 2층
전 화 02-3409-2060(편집), 2058(마케팅)
팩 스 02-3409-2059
등 록 1999년 4월 19일 제303-2002-000014호
전자우편 youkrack@hanmail.net
역락 홈페이지 www.youkrackbooks.com
ISBN 979-11-6244-623-2 94150
       978-89-5556-896-7(세트)

인문교양총서 048

최한기의 시대 진단과 그 해법
:통섭형 인재되기

김경수 지음

역락

들어가며

통섭이 대유행하고 있는 시대이다. 학문 간의 융합과 통합, 대학의 융·복합 학과의 등장, 기업에서의 통섭형 인재의 강조는 오늘날이 바로 통섭의 시대라는 것을 나타낸다.

이처럼 전 사회적인 통섭의 유행 속에서 우리는 과연 통섭에 대해 얼마나 알고 있는가? 특별히 미래를 준비하는 대학생들에게 있어 통섭은 바로 나의 일이며, 통섭형 인재는 바로 나에게 요구되는 인재상이라는 것을 유념할 필요가 있다.

이 책은 일차적으로 통섭의 개념과 통섭의 유행 현상에 관한 쉽고 분명한 이해를 제공하기 위해 기획되었다. 그리고 무엇보다도 통섭형 인재에 관한 이론적 지침이 부재한 현 상황을 고려하여, 그 길라잡이 역할을 최한기 철학을 통해 제시하고자 한다.

최한기는 지금으로부터 150년 전의 인물이다. 그럼에도 그의 철학이 오늘날 우리에게도 유의미한 것은 최한기가 평생을 바쳐 통섭에 관해 연구했으며, 통섭형 인재를 미래 전략으로서 제시했다는 점에 있다.

2021년 6월 김경수

목차

제1장 21세기와 통섭형 인재의 필요성

　'학문 혹은 지식들 간의 융합·통합·소통'을 지칭하는 '통섭'이란 용어가 최근 크게 유행하고 있다. 통섭 신드롬이라고까지 불리는 이 현상은 그 열기가 식지 않고 갈수록 더욱 확대되어, 통섭이란 말이 사회의 전 분야에서 회자될 만큼 그 중요성은 더욱 강조되고 있다. 우리 주변에서 '융합·통합·소통' 등의 단어의 사용빈도가 점점 증가하고 있는 것이 바로 그 단적인 예라고 할 수 있다.

　그렇다면 '학문 혹은 지식들 간의 융합·통합·소통'이라는 의미의 통섭 개념이 하나의 신드롬처럼 되어버린 작금의 통섭 현상은 어떻게 시작된 것일까? 그 시작점으로서 우리는 에드워드 윌슨의 『통섭 : 지식의 대통합』이란 책을 꼽을 수 있다. 이 책의 원 제목은 『Consilience : the unity of knowledge』로서, 윌슨의 제자였던 최재천 교수가 1998년 『통섭: 지식의 대통합』이란 제목으로 번역본을 출간함으로써 비로소 통섭이

〈사진 1〉[1]

란 용어가 각광받기 시작하였다.

하지만 한 가지 유의할 점은 통섭 신드롬의 시작이 비록 월슨의 책이라 할지라도, 월슨이 말하는 통섭의 의미와 현재 사회에서 유행하고 있는 통섭의 의미 사이에는 약간의 차이가 있다는 것이다.

먼저 월슨이 말한 통섭의 의미를 살펴보면, 크게 두 가지로 요약될 수 있다. 첫째, '학문들 사이의 경계 허물기'라는 의미이다. 현재 대학의 교육과정에는 인문학·사회과학·자연과학 등의 경계가 서 있고, 인문학 내에서도 철학과·국문학과·역사학과 등 전공의 구별이 뚜렷하다. 통섭이란 바로 이러한 학문들을 하나로 통합함으로써 서로 간의 경계를 허무는 것을 말한다.

둘째, '학문들 간의 경계 허물기는 자연과학으로 이루어져야 한다'는 의미를 담고 있다. 월슨은 그간 급속한 발전을 이룬 자연과학의 성과들을 나열하면서, 자연과학을 통해 인문학과 사회과학 등의 경계를 허물 수 있다고 주장한다. 그 대표

---

[1] https://en.wikipedia.org/wiki/E_O_Wilson

적 예가 바로 뇌 과학이다.

과거로부터 인간의 감정과 마음에 관한 연구는 주로 인문학에서 담당해왔다. 하지만 최근 뇌 과학의 급속한 발전은 뇌의 신경망 분석을 통해 인간의 감정과 마음에 관한 과학적 해답을 하나 둘 내놓고 있다는 점에서, 윌슨은 이제 뇌 과학이 인간의 감정과 마음에 관한 학문을 새롭게 담당해야 한다고 주장한다.

또한 이러한 주장은 비단 뇌 과학에 그치지 않는다. 뇌 과학 이외의 여러 자연과학의 성과들이 이미 인문학과 사회과학의 영역에서 효과와 우수성을 입증하고 있기에, 자연과학으로써 다른 모든 학문들을 하나로 통합해야 한다는 것이 바로 통섭의 최종적 의미이다.

윌슨이 말한 이러한 통섭의 의미는 다분히 수직적이라고할 수 있다. 수직적이라는 것은 자연과학과 다른 학문들이 서로 동등한 수평적 관계가 아니라는 것을 말한다. 즉 자연과학이 최상의 위치에 서서 다른 학문들을 통합한다는 의미가 바로 윌슨의 통섭인 것이다.

하지만 이러한 수직적 통합으로서의 통섭은 여러 학자들의 강력한 반대에 부딪쳤고, 그 결과 이론으로서만 남아 있을 뿐 사회적 영향력을 갖지는 못하였다.[2] 그럼에도 불구하고 통섭

---

[2] 통섭의 수직적 성격에 대한 비판은 다음과 같이 요약할 수 있다. 박승억(「통섭(Consilience): 포기할 수 없는 환원주의자의 꿈」, 『철학과 현상학 연구』 36집, 2008.)은 윌슨이 말하는 환원

이 사회적으로 회자되고 있는 것은 무엇일까?

현재 통섭 신드롬을 일으키고 있는 통섭은 윌슨이 말한 수직적 통섭이 아니라, 수평적 통합으로서의 통섭이다. 통섭의 용어가 윌슨의 책에서 유래한 것은 분명하지만, 그 의미에 있어서 변화가 생긴 것이다.

동일한 단어라도 시간이 흐름에 따라 그 의미가 종종 변화하는 경우가 있는데, 통섭이 바로 그 경우이다. 그러므로 현재 우리가 주위에서 접하는 통섭의 의미는 '학문 혹은 지식들 간의 수평적 융합·통합·소통'으로 정의할 수 있다. 자연과학이 중심이 되어야 한다는 윌슨의 주장이 현재 유행하고 있는 통섭 개념에는 전적으로 배제된 셈이다.

통섭 의미의 이러한 차이는 윌슨 식의 통섭을 반대하는 세력의 영향도 있겠지만, 가장 직접적인 원인은 윌슨의 책이 유

주의는 사실상 학문과 생명의 다양성을 감소시키는 전략일 뿐이라 하였고, 이영희(「두 문화, 사회생물학, 그리고 '통섭'」, 이인식 외 『통섭과 지적사기』, 인물과 사상사, 2014.)는 윌슨의 인간행동에 대한 사회생물학의 환원주의적 기계론적 모형은 인식론적 허구이지 존재론적 실재는 아니라고 하였다. 또한 이남인(『통섭을 넘어서: 학제적 연구와 교육의 활성화를 위한 철학적 성찰』, 서울대학교출판문화원, 2015.)은 질적 연구로만 가능한 다양한 유형의 존재론이 있음을 윌슨은 간과하였다 하였고, 이상헌(「인문학은 과학에 자리를 내주어야 하는가?」, 이인식 외 『통섭과 지적사기』, 인물과 사상사, 2014.)은 인간 존재의 가치와 삶의 의미는 과학의 단선적 시각을 통해서는 드러날 수 없다고 하였다. 윌슨의 통섭에 대한 대안을 모색한 논문을 살펴보면, 홍성욱(「21세기 한국의 자연과학과 인문학」, 최재천·주일우 엮음, 『지식의 통섭: 학문의 경계를 넘다』, 이음, 2011.)은 한국의 인문학과 자연과학 사이의 소통은 '통섭이 아니라 조심스러운 '접촉'에서 시작해야 하며 이를 위해서는 교사의 태도가 아니라 낯선 문화를 탐구하는 여행자의 태도를 강조하였고, 이남인은 윌슨의 시도는 다양한 학문 사이의 단절을 초래한다고 비판하며 이에 대한 대안으로 학제적 연구를 통한 학문들 사이의 진정한 대화를 통해 학문과 사회발전에 기여를 주장하였다.

행할 당시 국내의 상황에서 찾을 수 있다. 당시 국내에서는 학문과 지식 간의 융합·통합·소통 등의 필요성이 여기저기서 제기되고 있었고, 이것은 당시 세계적인 추세이기도 하였다.

First edition (publ. OUP)

〈사진 2〉[3]

영국의 학자 스노우(C.P. Snow)가 1957년 캠브리지 대학에서 한 "두 문화(Two Cultures)"란 제목의 강연은 학문 간의 융합·통합·소통을 처음으로 주장한 것으로 알려져 있다. 당시 이 강연은 큰 반향을 불러일으켰고, 책으로 출판됨으로써 세계적인 영향력을 발휘하였다. 그 결과 학문 간의 융합·통합·소통은 교육계를 필두로 하여 점차 사회의 전 분야로 확대되기 시작했던 것이다.

스노우의 강연 이전에는 학문 간의 융합과 소통은 전혀 중요한 이슈가 아니었다. 학문에서 본래 강조되었던 것은 융합과 소통과는 상반된 특징이라고 할 수 있는 '전공의 뚜렷한 경계와 그에 따른 전문성'이었다.

학문에서의 뚜렷한 전공의 경계와 전문성이 강조되었던 이유를 '근대'라는 시대적 특징으로부터 소급할 수 있다. 중세의

---

[3] https://en.wikipedia.org/wiki/The_Two_Cultures

카톨릭(Catholic)이 유럽 전역을 지배했던 시기를 지나 근대로 접어들면서 인류의 문명과 역사는 신의 권위를 벗어 던지고, 인간 스스로의 이성에 의해 새롭게 쓰이기 시작한다. 그리하여 근대에는 성경과 교회의 간섭 없이 오직 인간 이성에 근거하여 다양한 학문이 새롭게 신설되었고, 이에 따라 각 분과 학문들의 발전을 선도할 수 있는 전문가가 우대받게 되었던 것이다.

근대의 또 다른 특징인 산업의 발달에서도 그 이유를 찾을 수 있다. 근대의 산업 구조는 18세기의 산업혁명을 거치면서 점차 분업화·전문화되었다. 기계설비와 전기 동력을 통해 발전한 근대의 거대 기업들에게 직무의 분업화는 기업을 유지하기 위한 필수적 요소가 아닐 수 없었다. 그리고 그 결과 기업이 찾는 인재상은 분업화된 각각의 직무에 적합한 전공 지식을 가진 전문가였던 것이다.

이처럼 근대 이후의 학문은 다양한 분과 학문들로 세분화됨으로써 학문들의 뚜렷한 경계와 그에 따른 전문성을 중요시해왔다. 하지만 끊임없이 발전하고 변화하는 시대의 조류 속에서 새 것은 어느새 옛 것이 되어버리곤 한다. 20세기 후반에 이르러서는 학문 간의 융합·통합·소통이라는 새로운 변화의 바람이 불기 시작하였고, 그 시발점이 앞서 말한 스노우의 강연이었다. 그리고 이러한 시대의 변화가 윌슨의 책이 번역될 당시의 국내의 상황이다. 그리하여 통섭은 이러한 시대적 특징과 맞물리어 윌슨이 정의한 개념과는 달리, '학문 혹은 지식들 간의 수평적 융합·통합·소통'이라는 의미로서 변모하여 국내의 통섭 신드롬을 일으키게 된 것이다.

이처럼 하루아침에 갑작스레 통섭 개념이 등장하여 유행한 것이 아니라, 시대의 변화에 따른 산물이라는 점을 유념해야 한다. 근대 이후로부터 현대에 이르기까지 인류 문명은 급속도로 발전해왔으며, 그 발전의 결과로서 요청된 개념이 바로 통섭이라는 것이다.

'기계 혁명과 전기 혁명'으로 일컬어지는 1·2차 산업혁명을 지나, 20세기 초에는 '정보통신 혁명'이라고 불리는 3차 산업혁명이 일어났다. 3차 산업혁명은 그 무엇보다 기업들의 환경을 새롭게 바꿔놓았다는 점에서 중요하다. 정보통신의 발달은 소비 패턴의 변화, 새로운 기술과 이론들의 등장, 국내외 정세의 급격한 변화 등과 같은 기업의 중요한 정보와 지식들을 매일같이 업데이트하고 있다. 이러한 새로운 환경 속에서 업데이트된 정보와 지식의 선취와 이에 따른 신속한 대응이 기업의 중요한 경쟁력의 요소로 대두되고 있다.

최근 이러한 경쟁은 더욱 치열해지고 있다. 모바일 등의 새로운 통신장비와 플랫폼의 발달로 인해 지식과 정보의 양은 예전에 비해 기하급수적으로 늘어나고 있기 때문이다. 대표적 예로, 과거에는 지식의 수요자였던 대중들이 소셜 네트워크와 유튜브 등의 플랫폼을 통해 지식의 공급자로 변환됨으로써,

기업이 취해야할 정보와 지식의 양이 대폭 증가했다는 점을 들 수 있다. 또한 휴대폰 등의 모바일 사용자의 급증은 그들의 구매 목록, 검색 목록 등이 기업에 필요한 데이터로 분류되어 끊임없이 축적되고 있다. 이른바 빅데이터의 시대인 것이다. 학술적 지식 또한 예외는 아니다. 과학의 급속한 발전과 함께 새로운 이론과 기술들도 끊임없이 쏟아져 나오고 있다.

〈사진 3〉[4]

더욱이 최근 주목받고 있는 4차 산업혁명은 예전에는 없었던 새로운 융합 제품들을 만들어낸다. 그 대표적인 예가 '사물인터넷(Internet of Things)'이다. 사물인터넷이란 인터넷과 사물을 융합시킨 제품으로서, 지금 우리 주위에서도 쉽게 접할 수 있는 것들이 이미 많이 출시된 상태다. 스마트 기저귀의 사례

---

[4] 한국일보, 2018.12.31., https://www.hankookilbo.com/News/Read/201812261068312442

를 살펴보자. 스마트 기저귀는 기존의 기저귀라는 사물에 무선통신 단말기를 부착한 제품으로서, 단말기의 센서를 통해 기저귀의 상태를 일일이 눈으로 확인하지 않고도 교체 주기를 알 수 있게 해주는 제품이다. 간병이나 육아의 노고를 덜어줄 수 있는 획기적인 제품이 기존에 있던 인터넷과 기저귀의 융합을 통해 새롭게 탄생한 것이다.

이러한 변화 속에서 현대사회는 더 이상 한 분야의 전문성만으로 국가와 기업, 나아가서는 개인의 경쟁력에 우위를 점할 수 없게 되었다. 끊임없이 쏟아져 나오는 새로운 정보와 지식, 다양한 신기술들, 시시각각 변화하는 소비자들의 소비 패턴 등을 빠르게 습득한 후 이들을 통합 혹은 융합하여 의사결정에 반영할 수 있는 '통섭 역량이 경쟁력인 시대'가 도래한 것이다. 물론 통섭 역량의 강조가 곧바로 전문성의 경시를 의미하지는 않는다. 다만 그간 강조되어왔던 한 분야에 국한된 전문성보다는 통섭 역량이 우선시 되는 시대가 도래 했다는 것만큼은 분명한 사실이다.

국내에서의 통섭 현상의 진행과정은 통섭을 국가 경쟁력으로 인식한 정부의 전폭적 지원 하에서 전개되었다는 특징을 갖는다. 제일 처음 정부의 지원이 집중된 곳은 교육계였다. 그 결과 대학에서는 IT계열의 학과와 타 학과간의 융합을 시작으로 하여, 점차 그 범위를 학과 전체로 확대하고 있는 추세이다. 이공계열과 인문계열 학과들 간의 융합을 통해 새로

■국내 대학의 통섭 관련 움직임

서울대	'미래 학문과 대학을 위한 범대학 콜로키엄' 조직
고려대	통섭형 단과대학 추진
KAIST	'인문사회학부' 개설/ 통합적 사고 능력 강화
한국예술종합학교	콘텐츠 창작 협동과정부 신설
건국대	신기술 융합학과 신설

〈사진 4〉[5]

운 학과의 설립을 추진하거나, 다양한 전공분야의 교수들이 모여 새로운 융합강좌를 개설하는 등의 시도들도 지속적으로 이루어지고 있다. 이것은 비단 대학에서만의 일이 아니다. 초중고 교육과정에도 역사·글쓰기·윤리·과학 등 여러 과목을 한 번에 배울 수 있는 통합교과를 개발하려는 시도들도 여기저기서 일어나고 있다.

교육계로부터 시작된 이러한 통섭 현상은 이제 기업과 공공기관 등의 조직으로까지 확대되고 있다. 기업 등에서는 통섭 역량을 갖춘 '통섭형 인재'를 기치로 내걸고 있으며, 국가 차원에서도 통섭형 인재를 국가 경쟁력을 위한 미래의 인재상으로 규정하고 있다. 통섭 현상이 이제는 전 사회적인 이슈로 확대되고 있는 것이다.

---

[5] 한겨레, 2010.01.28., 이형섭 기자, http://www.hani.co.kr/arti/PRINT/401663.html

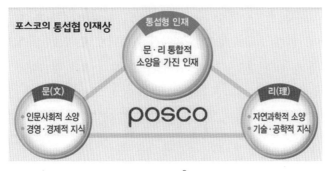

〈사진 5〉[6]

  방대한 양의 정보와 지식이 매일같이 업데이트되고 있는 현대사회에서는 한 분야만의 전문지식만으로는 조직이 당면한 문제해결과 의사결정을 하는데 한계가 있기 마련이다. 실제로 여러 조직들이 처한 문제들은 복합적인 것으로서 한 분야의 지식만으로 처리할 수 없는 것들이 대부분을 차지하고 있다.

  공공기관에서는 시시각각 변하는 다양한 국민들의 요구를 통섭하여 정책 등에 반영할 수 있어야 하며, 기업 또한 내외의 상황과 정보를 통섭하여 늘 변화와 혁신을 거듭해야만 현대사회에서 살아남을 수 있다. 이처럼 한 분야만의 전문성만으로는 조직의 필요를 채울 수 없는 상황 속에서 조직에서 원하는 인재상도 함께 변화하고 있다.

---

[6] 서울신문, 2008.07.18., 박건형 기자.
  https://www.seoul.co.kr/news/newsView.php?id=20080718006004

다양한 지식과 매일 같이 쏟아지는 새로운 정보들을 습득하여, 이를 토대로 종합적 의사결정을 내릴 수 있는 '통섭형 인재'가 현 시대의 새로운 인재상으로 자리 잡은 것이다.

■ 통섭형 인재의 개념

· 다양한 지식과 정보들을 습득하고, 이를 토대로 종합적 의사결정을 내릴 수 있는 인재
· 다양한 지식과 정보들을 습득하여 새로운 것으로 융합할 수 있는 인재
· 다양한 지식과 정보들을 종합하여 문제해결에 활용할 수 있는 인재
· 다양한 지식과 정보들을 종합하여 새로운 하나로 만들어낼 수 있는 인재

다양한 지식과 정보에 대한 통섭의 필요성은 조직 차원 뿐 아니라, 개인에게도 그대로 적용된다. 가령 어떤 사람이 식당 개업을 준비 중이라고 생각해보자. 이 사람에게 필요한 지식과 정보들은 무엇일까? 단순하게 생각하더라도, 한 분야에 국한된 전문지식만으로는 필요한 지식과 정보를 모두 충족시킬 수 없다는 것을 알 수 있다. 좋은 식재료의 선택, 조리법, 식당의 지리적 여건, 내부 인테리어, 원가 계산, 홍보 방법, 소비자들의 욕구 파악 등, 다양한 지식과 정보들이 모두 식당 개업을 위해 고려되어야 할 사항이다. 그러므로 식당의 경쟁력은 이 모든 사항들을 통합할 수 있는 통섭 역량에 달려있게 된다. 더욱이 식당들이 넘쳐나는 무한경쟁의 현 상황을 고려

한다면, 여러 정보와 지식들을 종합하여 식당 개업에 활용할 수 있는 통섭 역량이 그 무엇보다도 중요하지 않을 수 없다.

국내의 통섭 현상과 이에 따른 통섭형 인재의 필요성은 갈수록 심화되고 있는 추세이다. 그럼에도 통섭형 인재 양성을 위한 체계화된 이론과 방법은 아직까지 갖춰지지 않은 상태이다. 심지어는 통섭형 인재라는 용어조차도 들어보지 못한 사람이 대다수를 차지할 정도로, 통섭의 대중화도 아직 미미한 실정이다. 통섭에 관한 학계의 이론적 연구에 비해 통섭의 유행이 너무 단기간에 급속도로 이루어졌다는 점이 이러한 상황을 만들었다고 할 수 있을 것이다. 그러므로 지금 당장 시급한 것은 통섭형 인재 양성을 위한 체계적 이론과 방법의 정립이다. 그리고 이것이 바로 조선후기의 대표적 실학자 중 하나인 혜강 최한기를 주목해야 하는 이유이기도 하다.

■ 최한기(崔漢綺, 1803-1877)[7]

개성에서 대대로 살아온 삭녕 최씨 가문에서 태어났으며, 자는 지노(芝老), 호는 혜강(惠岡)이다.

1825년 생원시에 합격하였으나, 새로운 학문을 닦기 위하여 벼슬에 나아가는 것을 단념하고 서울로 이주하여 평생토록 학문에만 종사하였다.

1840년 영의정인 조인영과 재상인 홍석주의 출사 권유도 마다하고 서울에서 오직 동·서 학문의 집대성을 위해 평생을 받쳤다. 조선의 청나라 사신과 그 수행원인 역관들을 통해 북경에서 새로운 서적을 입수하여 연구하였으며, 고금의 도서를 구입하는 데 거액의 돈을 소비하였다.

평생의 학문과 사유가 그의 저술 속에 녹아 있는데, 최남선(崔南善, 1890 -1957)에 의하면 조선의 학자 중 가장 방대한 저술을 남겼다고 한다. 저술 중 일부는 유실되었고, 남은 것은 1971년 성균관대학교 대동문화 연구원에서 〈명남루총서〉라는 이름으로 간행하였다. 〈명남루총서〉에 실린 대표적 철학 저술로는 『신기통』, 『추측록』, 『기학』, 『인정』, 『운화측험』 등이 있다.

최한기는 조선의 마지막 실학자로서 그가 처한 시대적 위기를 해결하기 위해 평생을 고민한 학자로 알려져 있다. 그가 처했던 당시 조선의 상황은 격변하는 시대적 흐름 속에서 내외적으로 극심한 혼란을 겪고 있었다. 외적으로는 서양 문물이 끊임없이 밀려들어와 동양의 지식과 문화의 근간을 흔들고 있었으며, 내적으로는 근대화라는 대변혁의 전조 현상을 겪고 있었다. 최한기는 이러한 격변의 상황 속에서 동서 학문의 통섭을 시도하여 독창적 철학 체계를 수립하고, 이를 통해 미래를 대비하고자 한 학자이다.

최한기가 시도한 동서 학문의 통섭이란 구체적으로 기(氣)를 통해 우주만물의 생성과 변화를 설명한 동양의 기철학과 서양 과학의 경험적·실증적 학문방법론의 통섭을 말한다. 그리고 이로 인해 나타나는 독창적 성격은 그간 연구자들의 많은 관심을 받아왔다.

---

[7] 이 내용은 권오영의 논문을 일부 참고한 것이며, 권오영은 이 논문에서 최한기의 일생과 가문, 그리고 그의 저술에 관한 상세한 내용들을 서술하고 있다. (권오영 「새로 발굴된 자료를 통해 본 혜강의 기학」, 허탁 편저, 『혜강 최한기』, 청계 2004.)

1965년 박종홍이 처음으로 최한기 철학을 경험주의로 규정한 이후로, 경험주의 인식론을 통해 최한기 철학의 정체성을 규명하고자 한 논문들이 연구의 많은 수를 차지한다.[8] 다음으로는 최한기의 서양과학에 대한 이해와 그의 철학에 수용된 서양과학의 영향을 분석한 연구들이며, 최한기 철학과 성리학과의 관계를 비교하여 탈성리학적 성격을 분석한 연구가 그 뒤를 잇는다.[9] 이외에도 많은 연구가 이루어진 분야로 최한기의 정치철학을 들 수 있는데, 최한기 정치철학의 민주주의적 함의를 찾으려는 연구들이 그 대다수를 차지한다.[10] 이러한 지속적인 연구들로 인해 현재 최한기에 관한 단행본은 20여 권, 논문은 400여 편에 이를 정도로 그 수는 상당하다.

이 책에서는 이러한 연구 성과들을 바탕으로 하되, 그 중에

---

[8] 박종홍, 「崔漢綺의 經驗主義」, 『아세아연구』 8권 4호, 1965. 이와 함께 최한기의 경험주의적 성격을 분석한 대표적 연구로는 다음의 두 논문이 있다. 서욱수, 『혜강 최한기의 인식이론 연구』, 부산대학교 박사학위논문, 2000; 야규 마코토(柳生眞), 『혜강 최한기의 추측론 연구』, 강원대학교 박사학위논문, 2006.

[9] 이와 관련된 논문들 중 대표적인 몇 편만 나열하면 다음과 같다. 김용헌, 『崔漢綺의 서양과학 수용과 철학 형성』, 고려대학교 박사학위논문, 1995; 이현구, 『崔漢綺 氣學의 成立과 體系에 關한 硏究 : 西洋 近代科學의 流入과 朝鮮後期 儒學의 變容』, 성균관대학교 박사학위논문, 1993; 김인석, 『최한기의 기학에 관한 연구: 이학 극복의 측면을 중심으로』, 건국대학교 박사학위논문, 2000; 채석용, 『최한기 사회철학의 이론적 토대와 형성과정 유교적 사회규범의 탈성리학적 재구성』, 한국학중앙연구원 박사학위논문, 2008.

[10] 이와 관련된 논문은 200여편에 해당하는데, 그 가운데 몇 편만을 나열하면 다음과 같다. 김경수, 『최한기 기학의 정치철학적 함의 민주주의와 민본주의와의 관련성을 중심으로』, 경북대학교 박사학위논문, 2018; 김정호, 「최한기 기사상의 정치철학적 성격과 의의」, 『정신문화연구』 27-4호 2004; 백민정, 「최한기 정치철학의 재조명: 통민운화와 정치적 공공성의 문제를 중심으로」, 실학사 편저 『혜강 최한기 연구』, 사람의 무늬, 2016.

서도 가장 최근에 연구가 진행되고 있는 최한기의 통섭 사상에 초점을 맞추고자 한다.[11] 윌슨의 책과 함께 통섭 개념이 유행함에 따라 동양철학에서 통섭의 흔적을 찾으려는 일련의 노력들이 있었다.

자연과 인간세계를 분리해서 본 서양과 달리, 동양에서는 우주 전체를 하나의 유기체로 파악했다는 점에서 동양철학은 곧 통섭의 학문이라는 주장이 그 대표적 예라고 할 수 있다.[12] 하지만 이러한 주장들은 결국 소수의 의견에 그치고 말았고, 최종적으로는 최한기 철학에서 통섭의 사유를 발견하게 된 것이다.

최한기는 인간, 사회 그리고 자연을 대상으로 탐구함에 있어, 이들을 하나의 통합된 원리로 일관되게 설명할 수 있다는 생각을 피력했다는 점에서 통섭을 사유의 근간으로 삼고 있다.[13] 아울러 인간의 도덕과 마음의 문제에 중점을 둔 유학의 특성과 달리 물질적 원리로부터 시작하여 도덕과 마음의 문제를 점차 통합해간다는 점에서도 통섭의 성격을 지닌다.

---

[11] 최한기의 학문적 특징과 통섭의 상관성을 분석한 논문으로는 다음의 세 편이 있다. 김호, 「조선시대의 '學': 자연과 인간의 총섭」, 최재천·주일우 편 『지식의 통섭 학문의 경계를 넘다』, 이음, 2007; 전용훈, 「과학적 몰이해 위해 쌓은 사상의 누각: 최한기가 추구한 지식의 통섭」, 최재천·주일우 편 『지식의 통섭 학문의 경계를 넘다』, 이음, 2007; 김경수, 「최한기 기학과 윌슨 통섭 이론의 상관성에 관한 재검토」, 『한국학연구』, 60집, 2017.

[12] 박민아 외, 『과학 인문으로 탐구하다』, 한국문학사, 서울, 2015, 35–36쪽.

[13] 전용훈 위의 논문, 103–104쪽.

이처럼 동서 학문의 융합과 개별적 지식들의 통일성을 추구한 그의 철학을 우리는 '통섭 철학'이라고 칭할 수 있을 것이다. 아울러 최한기의 통섭 철학은 통섭형 인재 양성을 궁극적 목표로 삼고 있다는 점에서, 통섭형 인재에 관한 풍부한 이론적 함의가 녹아들어 있다. 물론 최한기의 시대와 오늘날과는 대략 150여년이라는 시간적 간격이 존재한다. 하지만 그의 통섭 철학과 현재의 통섭 현상이 모두 급속한 지적 변동을 시대적 배경으로 두고 있으며, 시대의 인재상으로서 통섭형 인재를 추구했다는 점에서 공통된다. 그러므로 최한기가 제시한 통섭형 인재에 관한 이론적 함의를 분석하여 현대적 관점으로 재조명하는 것은, 지금의 우리에게 매우 유의미한 것이 아닐 수 없다.

제2장 최한기, 통섭을 말하다

　　국내에 통섭이라는 개념이 유행하기 시작한 것은 윌슨의 책이 『통섭』으로 번역되어 출간되면서부터이다. 윌슨의 제자이자 이 책의 번역자인 최재천 교수는 윌슨의 'Consilience'를 통섭(統攝)으로 번역하였는데, 최한기의 저술에 나타난 통섭의 용례가 번역어를 선정하는데 중요한 근거가 되었다고 밝힌 바 있다.[14] 그렇다면 과연 최근에 들어서야 회자되고 있는 통섭 개념이 150년 이전의 학자인 최한기가 사용하게 된 배경은 무엇일까? 그것은 그가 19세기 후반의 조선의 시대적 위기를 극복하기 위한 방안으로서 제시한 것이 바로 통섭이자, 통섭형 인재였기 때문이다. 이 장에서는 이러한 특징들을 하나하나 살펴보는 동시에, 그 안에 담긴 현대적 의의를 고찰할 것이다.

---

[14] 에드워드 윌슨 저, 최재천 역 『통섭 지식의 대통합』, 사이언스북스, 2005, 11쪽

1. 통섭의 시대적 배경

최한기의 통섭 철학은 당시의 시대적 배경과 밀접한 연관성이 있다. 그리고 이러한 연관성은 현대의 통섭 현상을 이해하는 단서가 된다는 점에서 중요하다. 최한기가 살았던 시기는 '개화기'라는 역사적 대변혁을 앞둔 시기로서, 당시 조선은 내외적인 급격한 변화와 혼란을 겪고 있었다. 먼저 당시의 내적인 변화와 혼란 양상을 살펴보면, 그간 조선을 유지해온 사회질서의 근간이 흔들릴 만큼의 심각한 증상들이 여기저기 나타나고 있었다. 이에 관해 「고종실록」에서는 다음과 같이 말한다.

① 조정의 정사가 너무 문란하여, 신하들은 아부를 일삼고 왕은 허위 보고만을 들을 뿐이었다.
② 관리는 민심을 조정에 반영시키지 않으며, 적절한 급여를 받지 못해 국민의 고혈로 생계를 유지하였다.
③ 이러한 사회악은 금권과 직결되어 있어서, 매관매직이 성행하고, 국가의 기강이 문란해졌다.[15]

이 세 가지 증상들을 하나하나 자세히 살펴보면, ①은 조정에서 공적 업무가 제대로 이루어지고 있지 않음을 말한다.

---

15 「고종실록」 19권 고종 19년 6월 기록 중 일부 발췌

1800년 11세의 어린 나이에 왕위에 등극한 순조의 재위로부터 외척세력의 득세와 몇몇 가문만이 조정의 요직을 독점하는 세도정치가 시작된다.[16] 그리고 이러한 현상은 조선의 마지막 왕인 고종 때에 이르기까지 지속되고 심화되었다. 그 결과 고종의 재위 기간에는 조정의 요직을 독점한 일부 세력들이 자신들의 권력을 유지하기 위하여 왕에게는 허위보고를 일삼는 일이 번번했으며, 이로 인해 점차 조정과 민심의 거리는 멀어져만 가고 있었다.

다음으로 ②는 백성들의 고단한 삶을 단적으로 묘사한 것이다. 당시의 관리들은 정해진 금액의 봉록이 없었기에, 백성들을 착취하여 자신들의 생계비를 채우곤 했다. 이러한 관리들의 착취는 갈수록 심해졌는데, 그 결과 생계의 유지조차 어려운 백성들이 속출하면서 백성들은 하나 둘 고향을 버리고 화전을 일구며 생계를 유지하기 시작하였다. 심지어는 민란도 곳곳에서 일어났는데, 최한기의 청년 시절에만 전국에서 6번의 민란이 일어날 만큼 상황은 점차 악화되고 있었다.[17]

---

[16] 어린 순조가 권력의 핵심으로 제구실을 다하지 못하게 되자 몇몇 유력한 가문의 인물들이 권력을 독점하는 '세도정치(勢道政治)'가 나타났다. 이 시기의 가문은 대체로 7대에서 10대 안에 묶이는 동성 혈연집단으로서, 유력한 가문들은 왕실 외척이거나 관료 가문의 성격을 복합적으로 띠고 있었다. 대표적인 예가 안동 김씨의 김조순가, 풍양 조씨의 조만영가를 비롯한 십여 개의 가문들이었다. 이들은 서로 연합하거나 대립하면서 인척관계로 얽혀 하나의 정치집단을 이루어 권력과 이권을 독점하였다.(한국역사연구회 저, 『한국역사』, 역사비평사, 1995, 160~166쪽)

[17] 최한기의 젊은 시절 일어난 농민 항쟁에 대한 자세한 내용은 김병규의 논문을 참고.(김병규,

마지막으로 ③은 일명 신분제의 동요를 일컫는다. 17세기 이후 이앙법의 보급으로 농업생산력은 비약적 증가하였고, 그 결과 농민들 사이에서도 부농이 등장하는 등 빈부격차가 사회적 문제로서 대두되기 시작한다. 18-19세기에 이르러서 많은 부를 축적한 농민들은 더 이상 농민의 신분으로 남아있기를 바라지 않고 돈을 주고 호적을 위조하거나 양반의 족보를 사들이는 일이 빈번했으며, 이로 인해 많은 수의 농민들이 양반의 신분으로 탈바꿈하게 된다. 이와 달리 다른 한편에서는 몰락 양반이 늘어갔으며, 그 결과 사회질서를 지탱하던 신분제가 동요하기 시작한 것이다.[18]

이처럼 최한기 당시의 조선의 내적 상태는 그간 왕조를 유지해오던 정치·사회적 규범과 제도들이 그 뿌리부터 흔들리는 등의 심각한 변화와 혼란을 겪고 있었다. 그러나 혼란한 상황은 이것만이 아니었다. 외적으로도 급격한 변화의 물결이 몰려오고 있었는데, 과거에는 겪어보지 못했던 서양 문명과의 충돌이 바로 그것이다.

조선이 서양의 문명을 본격적으로 접하기 시작한 것은 중국에서 한문으로 번역된 서양 서적인 '한역서학서(漢譯西學書)'가 국내로 수입되면서부터이다. 당시 중국에는 1601년 이후

「惠岡 崔漢綺의 社會更張觀」, 『동서사학』 2집, 1996, 55쪽)

[18] 한국역사연구회 저, 『한국역사』, 역사비평사, 1995, 149-151쪽 참고.

북경으로 들어간 마테오 리치 등의 예수회 선교사들에 의해서 서양의 문명을 담은 다양한 서적들이 알려지기 시작하였다. 예수회 선교사들은 중국이라는 낯선 땅에서의 성공적인 포교를 위하여 당시의 지배 세력인 사대부(士大夫) 층의 협조가 우선적으로 필요했고, 이로 인해 사대부들의 주된 관심사였던 서양의 천문학과 역법(曆法) 등에 관한 지식 전달을 수단으로 삼아 천주교를 전파하기를 희망하였다. 그 결과 예수회 선교사들과 사대부의 공동 작업으로 서양의 학문을 한문으로 번역한 한역서학서가 출판되기 시작하였고, 17세기 초부터는 이 책들이 조선에 대거 유입되기 시작한다.[19] 18세기 말까지 유입된 한역서학서는 전체 400종이 넘는 막대한 수량에 달하는데, 그 중 ¼이 천문학·역법·기하학·지리학·해부학·기계학 등의 자연과학서적으로서 성호학파와 북학파 등에 수용되는 등 조선 학계에 큰 영향을 주었다.[20]

한역서학서를 통해 전파된 새로운 지식은 서양의 과학기술 뿐만이 아니었다. 이와 함께 천주교라는 새로운 종교도 국내에 유입되었는데, 이로 인해 서양 학문에 대한 조선 내부의 갈등은 본격적으로 심화되기 시작한다. 1791년 윤지충, 권상하가 천주교 신앙에 빠져 조상 제사를 폐지했던 '진산사건(珍山

---

19 이민호, 『동서양 문화교류와 충돌의 역사』, 한국학술정보, 2009, 186-188쪽.

20 최소자, 「17, 18 世紀 漢譯西學書에 대한 硏究 -중국과 한국의 사대부에게 미친 영향-」, 『韓國文化研究院論叢』 39집, 1981, 79-113쪽.

事件)'과, 1801년 천주교도들이 신앙의 자유를 얻기 위해 서양의 힘을 빌리려고 시도한 황서영의 '백서사건(帛書事件)'은 조선 정부와 천주교와의 갈등을 나타낸 대표적 사건이었다. 이러한 천주교와의 갈등은 그동안 다소 우호적 평가를 받아왔던 서양의 과학기술로까지 확대되어, 모든 서양의 문물을 전적으로 배척하고 성리학과 조선의 문화를 지켜야 한다는 척사위정론(斥邪衛正論)을 야기하는 계기가 되었다.

당시 조선은 한역서학서를 통한 서양 문명과의 접촉 이외에도 서양의 열강들이 무력을 앞세워 조선의 개국을 압박하는 등, 국제 정세가 급격히 변화하던 시기였다. 1840년 중국이 영국과의 아편 전쟁에서 패배했다는 소식을 접한 조선 정부는 서양 열강의 개국 요구에 큰 불안감을 가질 수밖에 없었고, 그 결과 조선의 대서양 정책은 쇄국으로 일관되었던 것이다.

이처럼 서양 문명에 대한 조선 정부의 입장은 척사위정론과 쇄국정책이라는 부정적 태도로 일관되어 있었는데, 그 단적인 예를 조선말기의 학자인 김윤식(金允植, 1835-1922)의 글에서 찾을 수 있다.

내 일찍이 개화라는 말을 심히 괴이하게 생각하였다. 서양의 문물로 우리의 문물을 개혁하는 것을 개화라고 한다하니, 조선과 같은 문명의 나라에 새삼 개화할 것이 무엇이 있겠는가? 갑신정변을 일으킨 역적의 무리들은 서양만 받들고 공자와 맹자를 가볍게 여기며, 공자와 맹자의 가르침을 바꾸는 것을 개화라 부르고 있다. 이는 참으로 전통을 끊고, 짚신을 머리에 쓰고 관을 발에 신는 것과 같다고 말하지 않을 수 없다.[21]

이러한 서양 문명에 대한 조선 정부의 부정적 입장에도 불구하고, 시대적 변화의 흐름을 언제까지고 외면할 수는 없었다. 1882년 미국과의 한미수호통상조약이 체결된 이후로 조선은 여러 국가들의 지속적인 개국 요구에 응해야만 했고, 결국 1910년 일본에 의한 강제병합으로 인해 500여 년을 지속해온 조선 왕조는 결국 종말을 맞았던 것이다.

이처럼 19세기 후반기의 조선은 내외적인 혼돈과 변화의 회오리 속에 놓여 있었다. 이러한 상황 속에서 최한기는 시대적 위기를 극복하기 위해 지식인으로서의 책임을 다하지 않을 수 없었다. 그리하여 그는 새로운 시대에 맞는 새로운 철학을 수립하기 위하여 동서고금의 서적들을 두루 수집하여 탐독하였고, 그 결과로서 나타난 것이 바로 통섭이다. 그리고 통섭형 인재란 바로 이러한 동서 학문의 통섭을 통해 제시된 미래의 생존전략이었던 것이다.

최한기의 통섭과 통섭형 인재는 이처럼 사회의 급격한 변

---

[21] 김윤식 『속음청사(續陰晴史)』.

화와 서양 학문이라는 새로운 지식의 출현을 시대적 배경으로 삼고 있다. 현대의 통섭 현상 또한 마찬가지이다. 새로운 정보와 지식들의 끊임없는 출현과 이에 따른 급격한 변화라는 시대적 배경 속에서 등장한 것이 바로 지금의 통섭이다. '역사란 윤회하는 것'이라고 말한 역사학자 토인비의 주장처럼 최한기 당시의 시대적 상황과 오늘날의 상황은 시간적 거리를 제외한다면 많은 부분에서 닮아 있는데, 이것을 보다 구체화하면 다음의 세 가지 특징으로 요약할 수 있다.

첫째, 19세기 당시 사회구조의 변동과 새로운 서양 문물의 유입으로 인해 백성들의 기호와 욕구, 그리고 사고방식이 급속도로 변화하고 있었던 것처럼, 오늘날의 대중들의 기호와 사고방식 또한 그 어느 때보다 빠르게 변화하고 다원화되고 있다는 점에서 공통점을 지닌다.

둘째, 한역서학서를 통해 끊임없이 서양의 과학기술이 유입된 것과 마찬가지로 오늘날도 새로운 과학기술이 끊임없이 등장하고 있다. 오늘날은 비록 동서 문명 간의 충돌까지는 아닐지라도, 최근의 과학적 성과를 비추어보면 그에 비견될 만한 변화를 겪고 있다고 해도 과언이 아니다. 그 대표적인 예가 바로 생명공학 분야이다.

1978년 7월 25일 영국에서 최초로 시험관 아기가 태어났을 때, 전 세계는 인간의 탄생이 몸 밖의 실험실 배양접시에서 시작될 수 있다는 사실에 경악을 금치 못했다. 그러나 이제 이러한 놀라움도 먼 옛날의 일이 되고 말았다. 1997년 복제 양 돌리가 태어났고, 2005년에는 황우석 박사가 세계 최초로 개 복제에 성공했다. 그리고 2018년에는 인간과 가장 유사한 동물 종인 원숭이까지도 복제되었다.

복제양 돌리를 탄생시킨 체세포핵치환(SCNT) 방식으로 태어난 원숭이 '중중'과 '화화'가 서로 껴안고 있는 모습.

〈사진 6〉[22]

이러한 복제 기술의 성과로 2018년부터 미국과 중국에서는 '애완동물 복제 서비스'가 시행 중이며, 그 시장 규모 또한 나

---

[22] 경향신문, 2018.01.28., 박효재 기자,
https://news.naver.com/main/read.nhn?oid=032&aid=0002846435

날이 증가하고 있다. 애완동물 복제 서비스란 애완동물이 살아 있을 때 미리 체세포를 채취하여 보관하였다가, 죽고 나면 다시 그 체세포를 활용하여 복제하는 것을 말한다. 자신이 키우던 개나 고양이와 평생을 함께 할 수 있다는 것은 더 이상 상상 속만의 이야기는 아니다.

시험관 아기가 처음으로 태어난 이후 불과 40년 만에 이 모든 것이 이루어졌다는 것은 참으로 놀라운 일이 아닐 수 없다. 생명공학의 이러한 눈부신 성과는 이제 SF 영화나 공상과학 소설에서만 등장하던 인간 복제에 눈을 돌리고 있는 실정이다. 이처럼 현대의 과학적 성과는 19세기 조선에 유입되었던 서양 과학기술에 대한 충격과 새로움과 비견될 만큼 우리에게 다가오고 있는 것이다.

셋째, 최한기 시대와 마찬가지로 오늘날의 내외적 상황 또한 급변하고 있다. 시기 별로 이루어지는 대통령 선거와 국회의원 선거, 그리고 이에 따라 발생하는 여야의 다툼과 갈등은 변화무쌍한 정치권의 실상을 보여준다. 물론 이러한 다툼과 갈등을 민주주의의 발전과정으로 해석할 수 있을 것이다. 하지만 그 과정에서 발생하는 혼란과 변화 자체만을 놓고 본다면 결코 안정화된 사회라고 정의할 수는 없을 것이다. 정치와 사회의 이슈를 다루는 다양한 언론 매체들과 국민들의 다원화된 반응, 그리고 정권의 교체에 따른 변화들을 총체적으로 고려한다면, 이 또한 최한기가 겪었던 당시의 상황과 충분히 비견딜만하다.

국제 정세 또한 마찬가지이다. 본래 조선의 국제 정세는 중국과의 관계가 전부라 할 만큼 매우 단순한 구조를 띄고 있었다. 하지만 최한기 당시에 이르러서는 서양 열강들과 일본의 개입으로 인해 국제 정세는 매우 복잡해져 있었다. 이는 마치 오늘날의 복잡한 국제 관계와 유사하다. 글로벌 시대라는 명칭에서 알 수 있듯이, 오늘날은 국내의 문제가 외교와 긴밀하게 연결되어 있다. 경제 문제만 보더라도 해외무역 의존도가 높은 한국의 경우는 특히나 국가 경제가 자국만의 문제는 아닌 것처럼 말이다.

이처럼 최한기 시대와 오늘날은 동질한 시대적 배경을 가지고 있는데, 이 세 가지 공통된 특징을 다시 하나로 압축하면 '새로운 정보와 지식들의 끊임없는 출현과 이에 따른 급격한 변화'로 요약할 수 있다. 그리고 이것이 바로 통섭이 등장하게 된 시대적 배경이다. 매일같이 업데이트되는 정보와 지식, 그리고 이로 인한 변화의 소용돌이 속에서 조직과 개인의 경쟁력은 그것을 통섭하는데 달려있다는 말이다.

이러한 시대적 배경과 통섭과의 관련성을 나타내는 증거들은 무수히 많다. 매일같이 새로운 정보와 지식들이 쏟아져 나오고 있는 상황 속에서, 이를 무시한 채 과거의 정보만을 가지고 경쟁한다는 것은 불가능한 일이다. 만일 특정 난치병에 대한 효과적 치료법이 해외에서 개발되었음에도 한국만이 그것에 관해 무지하다면, 국가의 의료 경쟁력은 점차 도태되고 말 것이다. 뛰어난 효과를 보이는 새로운 의료 기구를 모 기업에서 개발하였다면, 이에 관한 정보를 남들보다 빨리 수집하여 그것을 들여놓는 병원이 경쟁력을 갖는 것이 당연할 것이다.

또한 소비패턴이 변화하여 소비자들이 휴대폰의 성능보다는 디자인에 민감해졌다면, 이 변화를 재빨리 감지하고 제품에 반영한 기업만이 시장 점유율에서 우위를 선점할 수 있을 것이다. 조직 구성원들의 사고방식이 수평적 평등성을 지향하는데도, 여전히 과거의 수직적·권위적 조직문화를 고수한다면 조직 구성원들의 만족도는 떨어지고 결국에는 조직의 경쟁력까지도 하락하는 결과를 맞게 될 것이다.

생명공학의 발달과 이로 인한 시장가치의 거대화를 모두 예상하고 있음에도 불구하고, 이에 관한 정부의 무지로 인해 투자가 제대로 이루어지지 않는다면 해당 국가의 국제 경쟁력은 그 만큼 하락하게 될 것이다. 또한 현재의 국제 정세로 미루어봤을 때, 만일 기업들이 점차 중국어 사용능력을 중요한 요소로 파악할 것이라는 예측이 있음에도 불구하고, 이에 대해 무지하다면 그 사람의 경쟁력은 그만큼 뒤처질 수밖에 없을 것이다.

이처럼 새로운 정보와 지식, 그리고 사회의 급속한 변화 속에서 가장 중요시 되는 역량은 바로 이러한 변화 요소들을 습득하여 종합적 의사결정을 내릴 수 있는 통섭 역량이 아닐 수 없다. 오늘날 통섭 현상이 발생한 것도, 아울러 최한기가 통섭과 통섭형 인재를 미래전략으로 내세운 것도 모두 이러한 시대적 요구의 결과인 셈이다. 새로운 변화의 물결 속에서는 옛 것은 도태되고 새 시대에 맞는 새로운 인재상이 요구되기 마련인 것이다.

2. 통섭의 이론적 체계

(1) 기(氣)를 통한 동서 학문의 통섭

주자학은 조선의 건국과 함께 관학으로서 채택되어 조선왕조 500여년을 지탱해온 지배 이념으로 자리 잡아왔다. 그 결과 19세기에 이르러서는 주자학은 이미 국가운영방침, 과거시험, 신분제, 직업관 등의 사회 규범으로부터 관혼상제 등의 일상적 삶의 규범에 이르기까지 깊게 뿌리를 내리고 있었다. 하지만 19세기 조선에 닥친 내외적인 새로운 변화의 물결 앞에 기존의 사회질서는 크게 요동치고 있었고, 주자학은 이에 대해 능동적으로 대처하기엔 역부족이었다.

주자학이 가장 취약점을 보인 부분 중 하나는 새로운 지식의 유입에 대한 대처였다. 이미 사회 규범으로서 깊게 뿌리를 내린 주자학적 체제 하에서 서양에서 유입된 새로운 지식은 기존의 사회 체제 속에서 기득권을 차지한 세력에게는 경계의 대상으로 비춰질 수밖에 없었을 것이다. 조선의 대서양 정책이 척사위정론과 쇄국정책으로 일관되었다는 점은 바로 이러한 특징을 나타내는 단적인 예라고 할 수 있다.

조선의 서학에 대한 이러한 부정적 반응에도 불구하고, 이미 변화의 거센 물결은 돌이킬 수 없는 형국이었다. 17세기부터 유입되기 시작한 서양의 학문은 이미 주자학의 근본적인 부분까지도 조금씩 잠식하고 있었다. 그 가운데 가장 큰 변화를 겪고 있던 분야는 천문학과 역법이었다.

서양 천문학이 도입되기 이전의 주자학에서의 천체 구조는 '하늘은 둥글고 땅은 육각형의 방형(方形)을 띠고 있다'는 천원지방설(天圓地方說)이었다. 천원지방설은 천문학에 속한 지식이었지만 그것에 국한되지 않고, 다른 학문의 토대로서의 중요한 역할도 담당하고 있었다. 즉, 천원지방설에서 땅이 평평한 방형이라는 이론은 사각형의 한 가운데가 사각형의 중심인 것처럼 방형의 땅에도 중심부가 있다는 것을 나타내며, 그것이 바로 중국이라는 것을 나타낸다. 그리하여 그 중심에 위치한 중국이야말로 세계 문명의 중심이고, 중심의 외곽에 위치한 나라는 모두 오랑캐로서 중국의 문명을 배워야 한다는 '중화사상(中華思想)'이 바로 천원지방설에 뿌리를 두었던 것이다.

조선 역시 주자학을 수용함으로써 중화사상이 천문학적 지식에 근거한 확고한 이론이라는 것을 오랜 기간 의심의 여지 없이 받아들이고 있었다. 하지만 서양의 천문학은 이러한 이론을 무너뜨리는 결정적 증거를 제시하였다. 서양 천문학의 지구 구형설과 이에 기초한 세계지도는 땅은 방형이 아니라 둥글기에, 중국이 중심이 아니라는 점을 입증한 것이다.

더욱이 서양 천문학은 관측과 경험에 근거한 실증적 지식으로서, 직관에 기초한 천원지방설보다 우수하고 정확한 이론이라는 것이 점차 밝혀짐으로써, 천원지방설과 함께 중화사상은 점차 그 힘을 잃게 되었다. 500여 년을 관학으로서 뿌리내려온 주자학의 위상이 그 기초부터 흔들리기 시작한 것이다.

서양의 천문학은 매년 달력의 날짜와 절기를 계산하는 역법에도 큰 변화를 가져왔다. 주자학에서의 역법은 농경사회라는 특징과 맞물려 제왕의 학문으로 불릴 만큼 중요한 위상을 차지하고 있었다. 한 해의 농사를 결정하는 가장 중요한 요소는 무엇일까? 농사 기술도, 농민의 노력도 중요하겠지만, 무엇보다 중요한 것은 날씨와 기후를 주관하는 하늘이었다.

가뭄과 홍수, 이른 서리와 일조량의 부족 등은 인력으로는 어찌할 수 없는 자연의 재앙으로서 흉년을 가져왔고, 반대로 적절한 기온과 비 등은 풍년을 가져왔다. 물론 오늘날에는 과학기술의 발달로 인해 자연재해의 피해를 어느 정도는 줄일 수 있게 되었다. 하지만 당시에는 자연재해의 피해가 그대로 수확량과 직결되고, 수확량은 국가경쟁력과 국민들의 생사를 결정하는 핵심 사항이었기 때문에 날씨를 주관하는 하늘을 가장 중요시 여겼던 것이다.

역법이란 바로 이와 관련된다. 즉 하늘이 주관하는 날씨와 기후 등을 매년 계산하여 농작물의 종류에 따른 파종시기, 물대는 시기 등의 농사의 시기별 지침을 24절기로 구분하여 달력으로 제작하는 것이 역법이었던 것이다. 그러므로 역법은 농경사회에서 가장 중요시 하는 하늘의 날씨와 시기를 측정한다는 상징성을 갖고 있으며, 이로 인해 제왕의 학문으로까지 불려왔던 것이다. 하지만 서양 천문학의 유입은 점차 제왕의 학문이라고 불리는 역법에 있어서도 주자학의 권위를 떨어뜨리는 계기가 되고 말았다.

서양 천문학에 기초한 달력의 계산은 당시의 역법으로서는 착오가 있었던 일식과 월식 등의 중요한 하늘의 징표들을 보다 정확하게 측정하는 등 점차 그 우수성을 증명하였다. 그리하여 제왕의 학문으로 불리던 역법조차도 조선후기부터는 점차 서양의 천문학으로 대체되는 등, 당시 서양 과학기술의 유입으로 인한 변화의 추세는 이미 걷잡을 수 없는 형국이었던 것이다.

이 외에도 주희(주자) 자연관의 골격이 되는 음양오행설 또한 서양과학의 유입으로 인해 점차 해체되고 있었다. 서양과학에 우호적이었던 조선후기의 대표적 실학자인 김석문(金錫文), 홍대용(洪大容), 정약용(丁若鏞) 등은 더 이상 음양오행을 만

물 생성의 원리로서 파악하지 않았으며, 이는 최한기에게서도 마찬가지였다.[23]

이처럼 서양의 학문 가운데 특히 과학과 기술의 유입으로 인한 영향력은 단순히 우리 것만을 지키고 서양의 것을 배척하려는 조선 정부의 입장이 현실적으로는 불가능했다는 것을 말해준다. 하지만 그렇다 할지라도, 갑작스레 주자학을 전면 백지화하고 서양의 과학을 전적으로 수용하는 것은 사회의 큰 혼란을 야기하는 것이었다.

'서양 과학의 수용'과 '주자학의 고수' 사이에서 진퇴양난에 빠졌던 당시의 상황에서 일부의 학자들은 새로운 절충안을 내놓기도 하였다. 주자학의 윤리는 그대로 고수하되, 윤리와는 충돌하지 않는 서양의 과학기술만을 수용하자는 '동도서기론(東道西器論)'이 바로 그것이었다. 하지만 동양의 윤리인 '도(道)'와 서양의 과학인 '기(器)'를 일대일로 결합시키자는 동도서기론의 주장 또한 일시적인 방편에 불과했다. 서양 과학의 바탕이 되는 자연관 인간관을 떼어내고 과학기술만을 취해서 주자학의 자연관과 인간관이 내재된 윤리와 단순 결합시키는 것은 불가능한 것이었기 때문이다.

이처럼 서양 과학의 무조건적 수용 혹은 배척, 그리고 동도서기식의 단순 결합의 불가능성을 인지하고 있던 최한기는 새

---

[23] 김용현, 「조선 후기 실학적 자연관의 몇 가지 경향」, 『한국사상연구』 23집, 2004, 153~158쪽.

로운 대안을 구상하게 되는데, 그것이 바로 '통섭'이다. 다양한 지식들을 융합하여 새로운 하나로 만드는 것이 바로 통섭의 개념이듯이, 동서 학문 중 하나만을 취사선택할 수 없었던 그에게 통섭은 최선의 대안이었던 것이다.

최한기의 서양 과학기술에 대한 태도는 매우 긍정적이었다.

> 지금 바다에는 선박이 두루 다니고, 각국의 책들이 서로 번역되어 교류하고 있다. 이러한 상황에서 우리보다 좋은 제도나 기술 등이 있다면 마땅히 취하여 쓰는 것이 나라를 바르게 다스리는 진정한 도리이다.[24]

그는 선박을 통해 여러 국가들이 서로 물자를 교역하고 지식을 교류하는 당시의 국제 상황을 인지하고 있었으며, 이러한 세계적 추세를 거스를 수 없는 것으로 파악한다. 그리하여 광대한 범위의 한역서학서를 독파하여 서양과학의 우수성을 접한 그는 그 성과의 적극 수용이 국가의 진정한 유익이 되는 길이라고 확신했던 것이다.

조선후기 서양과학의 수용에 긍정적인 태도를 보인 실학자는 여럿 있었지만, 그들 중 가장 적극적 태도를 취한 것은 단연코 최한기였다. 그는 서양과학의 수용을 주장할 뿐 아니라, 자신의 저술에도 그 성과들을 적극 반영하였다. 더욱이 그는

---

24 최한기, 『추측록(推測錄)』 권6, 「추물측사(推物測事)」 '동서취사(東西取捨)'

다른 실학자들이 접했던 17세기의 한역서학서 뿐 아니라, 19세기의 한역서학서에 실린 서양과학의 내용까지도 저술에 반영하는 등 서양과학에 깊은 관심을 보였다.[25]

최한기의 서양 과학에 대한 이러한 긍정적 태도는 천문학과 역법에 있어 더욱 두드러진다.

훌륭하도다. 지구에 대한 설이여! 하늘과 땅의 정체를 밝혔고, 그 동안의 긴 어리석음을 일깨웠도다. 그동안의 동양의 역법이 하늘이 왼쪽으로 돈다고 주장했던 것은 달력 계산의 편의를 위해 그랬던 것일 뿐 정확한 지식은 아니었다. 반드시 지구가 오른쪽으로 돈다는 것을 알아야만 천체 운행의 연관성을 비로소 알게 될 것이다.[26]

범선이 지구를 빠르게 한 바퀴 항해한 것은 과거에는 없었으나 지금에 와서야 있게 된 가장 위대한 발견이다. 옛날과 지금 사이에는 알고 모르는 것과 보고 못 본 것의 차이가 있다. 최초로 배가 지구를 한 바퀴 돌아온 일은 서쪽을 향해 배를 계속 항해하면 결국 동쪽으로 돌아온다는 것을 눈으로 직접 확인한 사건이다. 이것을 통해 비로

---

25 19세기에는 특히 존 허셜(John Frederick William Herschel)이나 윌리엄 휴웰(William Whewell)처럼 과학 방법론에 일가를 이룬 학자들의 저술도 일부 번역되었다. 최한기가 『星氣運化』, 『身機踐驗』을 편집하면서 참고한 책들은 1850년대에 저술된 책을 번역한 것이다. (이현구, 『崔漢綺의 氣哲學과 西洋科學』, 대동문화연구원, 2000, 191쪽)

26 최한기, 『추측록(推測錄)』 권2, 「추기측리(推氣測理)」 '지구우선(地球右旋)'

소 땅이 둥글다는 것이 완전히 증명되었으니, 가장 위대한 발견이 아니겠는가![27]

위의 첫 번째 인용문에서 그는 서양의 천문학에 의해 지구가 공전한다는 사실이 비로소 밝혀졌다는 점을 언급한다. 주자학의 천원지방설에서는 땅(지구)은 고정되어 있으나 천체는 왼쪽으로 주행한다고 주장하였고, 달력의 계산은 바로 이러한 지식에 근거해 있었다. 그러나 최한기는 지구가 천체를 운행한다는 사실을 새롭게 밝힌 서양 천문학의 성과에 의거하여 역법 또한 이제 새롭게 쓰여야만 한다고 강력히 주장한다.

두 번째 인용문은 지구 구형설에 대한 최한기의 입장을 나타낸다. 지구 구형설은 최한기 이전 시대의 학자인 김석문과 홍대용 등도 이미 인지하고 있었지만, 최한기가 특히 감탄한 것은 조선술과 항해술의 발달로 지구 구형설이 경험적으로 입증되었다는 사실이다. 그가 볼 때 대상에 대한 경험과 관측이라는 서양의 자연과학적 방법론을 통해 도출된 지식은 부정할 수 없는 확고한 지식이었다. 그러므로 지구가 방형이라는 주장이 비록 전통적인 지위를 지켜왔다고 하더라도, 경험과 관측을 통해 확고한 지식으로서 수립된 지구 구형설을 마땅히 수용해야 한다는 것이다.

---

[27] 최한기, 『기학(氣學)』 권2-100.

최한기는 이처럼 서양 과학의 우수성을 확신한 후, 통섭을 통해 서양 과학을 수용하고자 하였다. 하지만 문제는 동서 학문의 통섭이 동도서기론과 같이 단순 결합이 아니라는 점에 있었다. 서로 이질적인 두 학문을 새로운 하나의 학문 체계로 통섭하는 데는 많은 어려움이 있기 마련이다. 그리하여 그는 평생 동안을 동서양의 학문에 대해 깊이 연구하여 양자의 통섭을 위해 노력했던 것이다. 물론 그 결과로서 수립된 최한기의 통섭 철학이 완전무결한 이론이라고 말할 수는 없겠지만, 당시의 시대적 상황 속에서 국익을 위해 고심한 평생의 업적이라는 점에서는 큰 의의를 가진다.

사실 최한기의 통섭 철학에는 주자학이라는 동양의 학문과 서양의 과학기술이라는 두 가지 요소만이 담겨 있는 것은 아니다. 1-1절에서 언급한 19세기 후반 조선의 내외적 변화들을 모두 고려하여 통섭 철학을 구상했는데, 다만 그 과정에 있어 그가 가장 중시했던 것이 동서 학문의 통섭이다. 그러므로 이 부분을 중점적으로 살펴보는 것이 그의 통섭 철학을 이해하는 최적의 접근법이라 할 수 있다.

동서 학문의 통섭을 위해 그가 선택한 기본 재료는 기(氣)다. 잘 알려졌다시피, 주자학은 이(理)와 기를 통해 우주의 발생과 그 원리를 설명하는 이기이원론(理氣二元論) 체계로서 구성된다. 이기이원론을 보다 쉽게 설명하면, 마치 인간이 육체와 정신이라는 두 부분의 결합으로 존재하듯이, 모든 자연물도 육체에 해당하는 '형체'와 정신에 해당하는 '존재 원리'라는 두 부분의 결합으로 구성된다고 보는 이론이다. 여기서 형체는 기로 구성되며, 존재 원리는 이가 만들어내는 것으로 파악한다. 그러므로 하나의 존재가 이와 기라는 두 가지 재료의 결합으로 구성된다는 점에서 일원론이 아닌 이기이원론인 것이다.

형체와 존재 원리의 결합으로 구성된 사물은 존재 원리를 자신의 본질로 가지며, 형체는 존재 원리를 담는 그릇이라는 것이 주자학의 특징이다. 이것은 곧 기가 아닌 이(理)가 사물의 본질이라는 주장으로서, 주자학은 철저히 이 중심적 사고를 지향하고 있다는 점을 알 수 있다. 그렇기에 주자학에서 자연과학에 해당하는 자연 사물에 대한 탐구는 그것의 외적 형태가 아니라 그 속에 담긴 이치[理]를 파악하는 것이라는 점에서, 경험 과학적 방법을 중시하는 서양의 자연과학과는 차이가 있다.

주자학의 이러한 탐구방식은 인간에게도 그대로 적용된다. 인간 또한 이기의 결합물로서, 이(理)는 인간의 본질 혹은 본성에 해당하는 도덕성을 구성하기에, 주자학에서의 인간 탐구는 다분히 윤리 지향적일 수밖에 없다.

그렇다면 주희가 기가 아닌 이를 인간과 사물의 본질로서 규정하고, 이를 추구하고자 한 까닭은 무엇일까? 기는 동양철학에서 오래전부터 변화하는 속성을 가진 것으로 규정되어,

기를 통해 자연의 끊임없는 운동과 변화를 설명해왔다. 그러나 자연을 본받아 인간과 사회의 변치 않는 표준적 규범을 세우고자 했던 주희의 입장에서는 이처럼 변화하는 기를 가지고는 그것을 실행할 수 없었다.

변화하는 자연 현상 속에서도 변화하지 않는 그 무엇이야말로 인간 사회의 규범이 되기에 합당한 것이었다. 사계절의 변화, 날씨의 변화, 생노병사의 끊임없는 변화 속에서도 그 변화를 주관하는 근원적 존재가 있다면, 그것은 변화하지 않을 것이라고 그는 생각했다. 그리고 그것이 바로 이(理)였던 것이다. 그러므로 주자학에서 자연 사물 속에서 탐구해야 할 본질은 기가 아닌 '이'가 된다.

이처럼 이가 사물의 본질을 구성한다면, 그것이 인간에게서 도덕성이 되는 이유는 무엇일까? 주희가 볼 때, 육체에 속한 수명과 건강·부·명예·욕구·기호 등은 끊임없이 변화하는 것으로서 모든 인간이 추구해야할 궁극적인 가치가 될 수 없었다. 인의예지(仁義禮智)로 대표되는 도덕성만이 불변하는 가치를 지닌 것이었다. 그리하여 그는 '이가 곧 도덕성'이라는 '성즉리(性卽理)'의 명제를 세우고, 이를 통해 도덕성을 궁극적 가치로 정당화할 수 있었던 것이다.

하늘의 이가 인간에게 부여한 것이 도덕성이다. 그러므로 도덕성을 따르는 것이 인간이 가야할 길이며, 이 길을

닦는 것이 바로 교육이다.[28]

『중용』 1장은 바로 이러한 사유방식을 단적으로 나타낸다. 인간의 본질 혹은 본성은 이(理)로부터 받은 도덕성이기에, 인간의 자아실현은 바로 도덕성의 실천을 통해서만 성취될 수 있다는 것이다. 그러므로 모든 인간이 성취해야 할 것은 바로 도덕성의 실천이며, 그렇기에 교육이란 도덕성이 실천될 수 있도록 도와주는 수단이라는 것이다. 모든 인간이 도덕성을 본질로서 부여받았지만 육체에 속한 욕심과 욕망이 종종 도덕성의 실천을 가로막기 때문에, 교육을 통해 이를 바로잡아야 한다는 주장이다.

도덕성의 실천은 이처럼 개인적 차원에서의 완성을 뜻한다. 하지만 주자학은 여기에 그치지 않고, 도덕성을 이상적 사회 건설을 위한 핵심 요소로 파악하는 사회적 차원으로 확대된다. 개인들이 모여 사는 곳이 바로 사회이기에 개인적 차원과 사회적 차원이 서로 긴밀히 연결되어있다고 보는 것이다. 그러므로 개인적 차원과 사회적 차원 모두가 도덕성이 중심이 되어야하는 것으로서, 철저한 이(理) 중심적 사유를 나타내고 있다.

조선의 관학으로서 채택된 주자학의 위상을 고려한다면, 최

---

28 『중용(中庸)』 1장에 대한 주희의 해석.

한기가 자신의 철학을 구상함에 있어 포기할 수 없었던 것이 바로 '이'였을 것이다. 그럼에도 그는 통섭이라는 목표를 위해 과감하게 '이'를 버리고, 오직 '기'로서만 자신의 철학 체계를 세우는 대변혁을 시도한다.

> 이(理), 공공성, 선(善), 길(吉)이라는 것은 모두 기(氣)로서 기준을 삼아야만 명백한 근거가 있게 된다. 그렇지 않고 자신의 견해대로 "이것이 이다, 공공성이다, 선이다, 길이다"라고 한다면, 일정한 기준이 없게 된다. 자기가 동쪽이라고 가리키는 곳이 동쪽이 되고, 서쪽이라고 가리키는 곳이 서쪽이 되는 것이다. 욕심, 이기심, 악(惡), 흉(凶)이라는 것은 모두 기에 어긋난 것들이니, 오직 기를 기준으로 삼아야만 만사 만물을 널리 관통할 수 있는 것이다.[29]

> 만일 기를 버리고 이(理)를 헤아리는 것에만 힘쓴다면, 견강부회하고 허황된 말들이 여기로부터 생겨남이 허다할 것이다.[30]

주자학에서의 이(理)는 자연사물의 존재 원리인 동시에, 공공성·선·길 등으로 표현되는 가치 판단의 기준이다. 반대로 욕심·이기심·악·흉 등은 제거하고 바로잡아야 할 것들로

---

[29] 최한기, 『기학(氣學)』 권1-63.

[30] 최한기, 『추측록(推測錄)』 권2, 「추기측리(推氣測理)」 '추측여기유선후(推測與氣有先後)'

서 이(理)에 어긋난 결과로서 발생한다. 이처럼 그동안 이(理)가 만물의 존재 원리이자, 가치 판단의 기준으로서 인식되어왔음에도, 최한기가 이(理)를 부정한 근본 이유는 이(理)의 무형성 때문이었다.

주자학에서 이(理)는 형체가 없는 무형의 존재이다. 하지만 최한기는 만물의 존재 원리이자 가치 판단의 기준인 이(理)가 경험하고 인식할 수 없는 무형의 대상이라면, 이로 인해 많은 문제가 발생할 수 있다고 생각하였다. 이(理)가 무형의 존재이기 때문에 목소리가 큰 사람, 혹은 권력이 있는 사람에 따라 기준이 달라질 수 있다는 있다는 우려가 바로 그것이다. 다시 말해 목소리가 크거나 권력이 있는 사람이 자기 이익에 따라 이것이 이(理)를 바르게 해석한 것이라고 주장하며 법과 규범을 자의대로 해석하더라도, 이(理)는 경험적으로 검증할 수 없는 무형의 존재이기에 그것을 반박할 증거가 없다는 것이다.

이(理)에 대한 이러한 비판의 숙고 가운데에, 그가 접한 서양 과학의 성과들은 날로 그 우수성을 드러내고 있었다. 그리하여 이것에 주목한 최한기는 서양 과학이 우수한 성과를 낼 수 있었던 이유가 형체가 있는 유형의 사물을 학문의 대상의 삼아 그것에 대한 경험적·실증적 지식을 추구했기 때문이었다고 파악한다.

형체가 있는 유형의 사물은 관찰과 측정을 통해 그것을 경험적으로 인식할 수 있고, 이를 통해 수립된 지식 또한 다시 실험 등을 통해 그것의 진위를 검증할 수 있는 것이었다. 지구 공전설이 범선이 바다를 일주함으로써 검증되었고, 그 외의 여러 천문학 지식들이 망원경을 통해 천체를 직접 관찰함으로써 수립된 것임을 확인한 최한기는 바로 이러한 경험적 방법론에 주목하게 된 것이다.

주자학을 중심으로 한 동양의 학문과 서양 학문의 통섭을 구상한 최한기에게 두 학문 간의 이러한 차이, 즉 무형과 유형을 대상으로 하는 차이는 큰 고심거리가 아닐 수 없었다. 무형의 이를 중심에 둔 주자학과 유형의 사물에 대한 경험적·실증적 지식을 중시한 서양 과학은 그 자체로 서로 양립할 수 없는 부분이었다. 그리하여 이에 대한 대안으로서 그가 택한 것이 바로 기(氣)이다.

기는 동양의 학문에 속한 것이면서도, 만물의 형체를 구성한다는 점에서 이(理)와는 달리 유형의 존재로 인식되어왔다. 그리하여 최한기는 이(理)를 배제한 채 유형의 존재인 기로서만 이루어진 기일원론 체계를 수립한다면, 서양 과학의 경험적·실증적 방법과 조화될 수 있을 것이라고 생각하였다. 동양의 학문도 계승하는 동시에 서양 과학의 우수성도 수용할 수 있는 방법을 '기'에서 찾은 것이다.

통섭이란 다양한 지식과 정보를 종합하여 새로운 하나로 융합해 내는 것을 말한다. 19세기 당시 주자학과 서양 과학기술의 충돌 속에서 최한기가 선택한 해결책은 바로 통섭이었다. 주자학과 서양 과학을 통섭한 새로운 철학 체계를 그는 구상했으며, 그 재료로 택한 것이 바로 '기'라는 것이다.

이처럼 기를 재료로 삼아 양자의 통섭을 시도한 그는 이것이 이(理)의 무형성이 야기했던 여러 폐단들을 제거하는 효과가 있으리라 생각했다.

> 이(理)를 중시하는 학문은 오로지 마음의 이치만을 숭상하며, 마음의 이치만을 가지고 자연의 존재 원리를 탐구한다.[31]

> 천하에 본래 없는 무형을 돌이켜 천하에 본래 있는 유형을 일으키고, 천하의 잘못된 가르침을 버려서 기가 운행하는 학문을 밝힌다. 그리하면 우주와 인간의 원리가 바름을 얻고, 정치의 방법도 안정될 수 있을 것이다.[32]

주자학에서의 이(理)는 가치판단의 기준이라는 철학적 위상에도 불구하고, 그 무형성으로 인해 파생되는 여러 폐단들이 있었다. 첫째는 앞에서도 언급했듯이, 이가 무형이기 때문에 경험적으로 인식이 불가능하다는 점이다. 만일 어떤 사람이 선과 악의 기준을 자의적으로 설정하고 '이것은 이(理)에 근거

---

[31] 최한기, 『기학(氣學)』, 권-19.

[32] 최한기, 『기학(氣學)』, 권1-33.

한 것이다'라고 주장한다 할지라도, 이(理)는 경험적 인식이 불가능하기에 그 말의 진위를 입증할 증거가 없게 된다. 최한기가 볼 때, 이것이 당시 조정에서의 끊이지 않는 논쟁의 이유였던 것이다.

둘째는 이(理)가 마음의 이치인 도덕성을 구성하기 때문에, 이(理) 중심적 사유는 곧 마음의 이치와 도덕성만을 중시하게 된다는 점이다. 물론 마음의 이치와 도덕성을 중시하는 것 자체가 어떤 문제를 야기하는 것은 분명 아니다. 그러나 과학, 그리고 나아가서는 정치 등에서도 이러한 특징이 그대로 적용된다면, 분명 폐단이 발생한다고 최한기는 말한다. 즉 자연을 탐구할 때 탐구대상보다 마음의 이치를 더욱 중시하기에 그 지식의 과학성과 실용성이 떨어지게 된다. 또한 정책을 결정할 때 백성의 필요보다는 통치자의 도덕성이 중시되기 때문에 정치가 현실과 괴리되는 위험성 있다는 것이다.

이러한 우려를 해결하는 방안으로서 최한기가 선택한 것이 바로 기이다. 기는 유형의 존재로서 이의 무형성으로 인한 폐단과 도덕성 중심 사유에서부터 벗어날 수 있게 하는 수단이 될 수 있다는 판단이다. 그리하여 최한기는 기를 통해 동서 학문의 통섭을 꾀하는 한편, 당시 조선의 주자학에서 나타난 폐단을 제거할 수 있는 새로운 철학을 수립했던 것이다.

(2) 통섭과 새로운 철학의 탄생

최한기는 기라는 단일한 재료를 통해 동서 학문의 통섭을 시도하였고, 이를 통해 당시 문제점으로 지적되었던 주자학의 단점들을 보완하고자 하였다. 그러나 기라는 단일한 재료를 통해 통섭을 체계화하기 위해서는 여러 가지 난관들이 존재했다. 그 중 제일 먼저 부딪친 것은 서양의 물질 개념과 기 개념이 쉽게 조화되지 않는다는 점이었다.

기(氣)가 비록 이(理)와는 달리 유형의 존재이긴 하지만, 서양의 물질 개념과는 구분되는 결정적 차이가 몇 가지 있다. 그 중 가장 문제시 되는 것은 기가 물질만이 아니라 정신까지도 아우르는 존재라는 점이다. 기일원론 철학에서는 기라는 단일한 존재를 통해 물질과 정신의 생성과 변화를 설명하기에, 물질과 정신의 뚜렷한 이원화를 인정하지 않는다. 반면에 서양은 물질과 정신의 뚜렷한 이원화를 통해 양자의 구별을 분명히 하고 있으며, 그 결과 물질은 정신과 구분된 물질일 따름이다.

최한기는 기와 물질 개념의 이러한 차이를 극복하고 양자가 조화되는 통섭 체계를 수립하기 위한 첫 단추로서, 기 개념을 새롭게 정의하기 시작한다. 그것이 바로 '형질을 지닌 유형의 기' 개념이다. 형질을 지닌 유형의 기란 기존의 유형의 기에 형질이라는 속성을 부가한 개념이다. 최한기가 볼 때, 서양의 물질 개념과 기 개념을 양립할 수 있게 하려면 무엇보다도 기에 담긴 정신적 속성을 배제해야만 했다. 그리하여 그는 정신에는 형질이 존재하지 않는다는 점에 착안하여 형질을 지닌 유형의 기 개념을 새롭게 수립한 것이다.[33]

〈사진 7〉[33]

그렇다고 해서 형질을 지닌 유형의 기 개념이 아무런 근거도 없는 임시방편적인 것은 아니다. 최한기는 기가 형질을 지닌 존재라는 것의 확고한 근거를 밝히고 있는데, 그것이 바로 몽기설(蒙氣說)이다. 몽기설이란 덴마크의 천문학자 티코 브라헤(Tycho Brahe)가 천문관측기구를 통해 빛이 대기층을 지나면서 굴절한다는 사실을 밝힌 이론이다.[34] 한역서학서를 통해 티코 브라헤의 몽기설을 접한 최한기는 몽기설이 기에 형질이 있다는 것을 밝힌 새로운 지식이자, 그것이 경험과 관측을 통해 입증되었다는 점에서 확실한 지식이라고 생각하였다.

---

[33] https://en.wikipedia.org/wiki/Tycho_Brahe

[34] 이용범, 『중세서양과학의 조선전래』, 동국대학교 출판부, 1988, 159쪽.

크도다! 지구에 관한 이론이여! …… 지구는 둥근데 그것
을 감싸고 있는 몽기(蒙氣)가 해의 비춤을 받아 구슬처럼 광
채를 내니, 이 때문에 지구라고 하는 것이다.[35]

증발하는 땅의 기가 위에서 뭉치면, 반짝이며 움직이는
별들의 영상이 그 안에서 변화한다. 낮은 것이 오히려 올라
가 높이 있는 것처럼 보이고, 둥근 것이 변하여 타원으로
보이니 모두 몽기에서 생기는 영상이다.[36]

태양의 빛과 별의 모양이 실제 모습과는 다른 형상으로 인
간에게 관측되는 것은 바로 '대기'라는 지구를 둘러싼 공기층
때문인데, 당시 한역서학서에서는 이 대기층을 '몽기'로 번역
하였다. 그렇기에 몽기란 곧 대기층이라는 의미로서, 대기의
공기층 때문에 빛이 굴절하고 별의 모양이 다르게 보이는 현
상을 통틀어서 몽기설이라고 지칭했던 것이다. 이러한 몽기설
은 최한기에게 큰 충격으로 다가왔는데, 그에게는 몽기가 기
가 형질을 지닌 유형의 존재라는 최초의 증거로 인식되었기
때문이다.

여러 가지로 시험하고 널리 경험하고서야 비로소 대기에

---

[35] 최한기, 『추측록(推測錄)』 권2, 「추기측리(推氣測理)」 '지구우선(地球右旋)'
[36] 최한기, 『추측록(推測錄)』 권2, 「추기측리(推氣測理)」 '몽기번영(蒙氣飜影)'

형질이 있다는 것을 알게 되니, 천고의 발견이라 할 수 있다. 이를 통해 비로소 우주의 형질이 밝혀졌다.[37]

이전의 기철학에서도 기(氣)가 만물의 형체를 구성한다는 인식은 있었으나, 형체를 구성하기 전의 기가 과연 유형이냐 무형이냐에 대해서는 논란이 있어왔다. 기가 형체를 구성하는 재료라는 점에서 기는 유형일 것이라는 추측이 더욱 우세했지만, 실제로 기를 본 사람이 없기에 이 또한 확신할 수 없었던 것이다.[38] 이러한 논란 속에서 최한기에게는 몽기설이야 말로 기가 형질을 지닌 유형의 존재라는 것을 확인시켜주는 실증적 지식이었던 것이다.

물론 몽기설에서 말하는 대기층이란 여러 기체들이 모여 층을 이룬 것으로서, 그것이 곧 기라고 단정할 수는 없다. 하지만 이(理)와 기(氣)를 통해 세계를 이해하던 19세기 조선의 최한기에게 대기층의 발견이야말로 기에 형질이 있다는 명백한 증거로서 비춰졌다. 그러므로 '형질을 지닌 유형의 기'란 몽기설이라는 확고한 증거를 토대로 수립된 최한기의 새로운 기

---

37 최한기, 『氣學』 권1-33.

38 최한기는 만물이 생성되기 이전에 존재했던 최초의 기 또한 형질을 지닌 유형의 기라고 정의하는데, 이것은 다른 기철학자들의 주장과는 구분되는 특징이다. 이들의 최초의 기는 태허기(太虛氣), 혹은 선천기(先天氣) 등으로 지칭되는데, 모두 인간이 지각할 수 없다는 점에서 무형의 존재인 동시에 형질을 갖지 않는다. 반면에 최한기의 최초의 기는 인간의 감각기관으로 지각할 수 있는 형질을 지닌 유형의 기이다.

개념이었다. 그리고 이러한 기 개념을 통해 그는 서양의 물질 개념과 양립 가능한 독자적인 기철학의 기초를 쌓을 수 있었던 것이다.

기를 통해 동양과 서양의 학문을 통섭함에 있어 부딪쳐온 두 번째 난관은 음양오행설이다. 음양오행설은 기를 통해 우주만물의 발생과정을 설명하는 이론이다. 구체적으로는 음과 양이라는 기의 대립적인 속성이 서로 교차하여 목화토금수(木火土金水)라는 오행의 기로 변화하고, 다시 오행의 기가 다양하게 결합함으로써 우주 만물이 발생한다고 설명한다. 지금도 주변에서 흔히 접할 수 있는 사주팔자나 주역 점술도 음양오행설에 기초한 것인데, 그만큼 음양오행설의 영향력이 컸다는 점을 반증한다. 하지만 문제는 음양오행설과 서양 과학과의 이질적 특성이 양자의 통섭을 방해한다는 데 있었다.

서양 과학에서는 사물의 특징들이 각각의 사물에 내재된 것으로 파악한다. 그리하여 특정 사물의 특징을 알기 위해서는 먼저 해당 사물에 대한 관찰과 탐구가 수반되어야 한다. 가령 말과 소의 특징을 알려면 직접 말과 소를 관찰하고 탐구하지 않고는 그 지식을 얻을 수 없는 것과 같다. 하지만 음양오행설은 이와 다르다.

음양오행설은 음양오행의 결합 방식에 따라 만물이 발생한다고 설명하기 때문에, 각 사물의 특징은 음양오행의 결합 방식에 따라 결정된다. 예를 들어 불은 화(火)의 결합물이며, 물은 수(水)의 결합물이다. 게다가 음양오행의 기의 결합 방식에 따라 발생하는 사물은 물질적 존재에만 그치지 않는다. 시간, 공간, 정신 등도 여기에 해당한다. 사주팔자에서 각 사람의 태어난 연월일시를 통해 그 사람의 성격과 운명 등을 점치는 것도 연월일시라는 시간 역시 음양오행의 영향이라고 보기 때문이다.

이처럼 음양오행설은 각 사물에 대한 지식이 해당 사물에 대한 탐구와 관찰로서 얻어지는 것이 아니라, 음양오행의 일정한 결합 방식을 탐구함으로써 얻어질 수 있다고 설명한다. 그리고 바로 이 부분이 서양 과학과의 통섭을 방해하던 지점이다. 이에 최한기는 과감히 음양오행설을 탈피하고, 운화기(運化氣)라는 새로운 기 개념을 제창함으로써 통섭을 시도한다.

'운화기'란 기가 운화한다는 의미이며, '운화'란 운동과 변화를 나타내는 말이다. 즉 기는 더 이상 음양오행의 방식이 아니라, 운화라는 방식으로 우주 만물을 생성하고 변화하게 한다는 설명이다. 하지만 이 주장 또한 통섭을 위한 임시방편이 아니라, 서양 과학의 성과를 근거로 한 것이었다.

최한기는 지구의 자전과 공전, 그리고 해와 달과 별들의 운행에 관한 지식을 한역서학서에서 접하고, 이러한 천체의 운동과 변화가 곧 기가 운동하고 변화하는 운화의 방식을 나타낸 것이라고 확신한다. 즉 천체 운행의 발견이 19세기 조선의 학자 최한기에게는 기의 운화에 대한 발견으로 비춰졌던 것이다. 그러므로 최한기의 운화기 개념은 기의 운동과 변화를 음양오행이 아닌 물질의 운동 원리로 새롭게 규정하는 것으로서, 동양의 기 개념을 유지하면서도 서양 과학과의 통섭을 가능하게 하는 것이다.

이처럼 최한기는 '형질을 지닌 유형의 기', '운화기' 개념을 통해 동서 학문의 통섭을 위한 준비단계를 완성할 수 있었다. 물론 그 바탕이 기라는 점에서 철학의 중심축은 여전히 동양의 기철학이라고 할 수 있지만, 서양 과학의 수용으로 인해 종래의 기철학과는 어느 정도 단절된 특징을 갖게 된 것은 분명하다. 그리고 이러한 단절성을 고려하여, 그는 자신의 기철학을 특별히 '기학(氣學)'이라고 명명한다.[39]

> 역사 이래 글자가 만들어진 후 4·5천년 만에 기학이라는 이름이 비로소 드러나게 되었다.[40]

> 동방사람의 저술은 거의 진부한 것을 주워 모은 것이 많으며, 기의 운동과 변화에 관한 논의가 없다. …… 그러나 나의 기학에서는 이전에는 드러나지 않았던 기에 관한 논의들을 새롭게 드러내고 있다.[41]

---

39 이 책에서 언급한 '기학'은 모두 최한기의 기철학을 일컫는다.

40 최한기, 『기학(氣學)』 권-89.

41 최한기, 『명남루총서(明南樓隨錄)』.

유학의 범주에 속했던 종래의 기철학들이 주자학의 이기이 원론과는 구조적 차이가 있었다하더라도, 도덕성을 철학의 중심에 놓는다는 점에서는 주자학과 차이가 없었다. 단지 기철학에서는 도덕성을 이가 아닌 기와 관련지어 설명했을 뿐, 도덕성 중심의 철학이라는 점에서 여전히 자연에 관한 탐구 또한 마음의 이치와 도덕성이 중시되었다.

  하지만 최한기의 '기학'에서는 기와 도덕성의 연결고리가 사라진다. 기가 서양의 물질 개념과 같이 형질을 지닌 유형의 존재로서 정의되기에, 기로 이루어진 자연에 관한 탐구에 있어 마음의 이치나 도덕성은 더 이상 아무런 관련이 없게 된다. 필요한 것은 유형의 자연에 대한 경험과 관측이라는 과학적 방법이다.

  아울러 그의 운화기 개념은 기로 이루어진 자연에 관한 탐구에 있어 음양오행이 아닌 그 운동 법칙에 주목하게 한다. 그리하여 마치 서양 과학에서 물질의 기계론적 법칙을 탐구하듯이, 이제 기로 이루어진 자연 사물도 그 운동 법칙을 탐구해야 하는 과학적 대상으로 변화한 것이다.

  이처럼 최한기의 기학의 유형의 기, 운화기 개념은 기로 이루어진 자연 사물과 그 운동 법칙을 모두 경험과 관측이라는 과학적 방법으로 탐구할 수 있게 한다는 점에서, 이전과는 다른 새로운 기철학의 탄생을 알리는 것이었다. 그리고 이러한 새로운 기철학은 동양의 기 개념과 서양과학의 통섭을 통해 이루어졌다는 점에서 큰 의의를 갖는 것이었다.

유형의 기와 운화기 외에도 그의 철학에는 다양한 통섭의 시도들이 곳곳에 숨겨져 있는데, 이에 관해서는 뒤에서 서술할 통섭형 인재의 자격요건과 리더십 부분에서 차례대로 살펴볼 것이다.

3. 새 시대의 인재상: 통섭형 인재

(1) 시대의 변화에 따른 인재상의 변화

시대의 흐름에 따라 인재상(人材像) 또한 변하기 마련이다. 한 분야의 전문가가 각광받는 시대가 있고, 통섭형 인재가 각광받는 시대가 있다. 마치 국내에서 일본어 능력이 각광받는 시대가 있었고, 중국어 능력이 각광받는 시대가 있었던 것처럼 말이다. 그렇기에 시대의 흐름에 적합한 인재상이 무엇인지를 파악할 수 있는 안목은 매우 중요하다. 그 안목에 따라 미래에 대한 대비가 달라지며, 나아가서는 미래 경쟁력까지도 좌우될 수 있기 때문이다.

역사는 각 시대의 특징과 그에 부합한 인재상이 무엇이었는지를 보여준다는 점에서 우리에게 이 안목을 기를 수 있는 힘을 준다. 그렇기에 통섭의 시대와 통섭형 인재의 상관관계를 논하기에 앞서, 역사 속에 나타난 두 종류의 인재상과 그 시대적 특징을 간략하게 살펴보는 것이 도움이 될 것이다.

孔子

〈사진 8〉[42]

우리가 살펴 볼 두 가지는 동양의 유학사상과 서양 근대의 개인주의에서 주장하는 인재상이다. 유학과 개인주의는 해방 이후 급격히 서구화가 진행됨에 따라 한국사회에 공존하기 시작하였고, 여전히 그 영향력을 발휘하고 있다는 점에서 중요하다.

먼저 유학의 인재상은 유학이 탄생한 공자(孔子) 시대의 특징과 긴밀한 관련성을 갖는다. 공자가 살았던 춘추시대에는 종법제(宗法制)에 따라 가족제도와 정치제도가 통일된 사회구조를 지니고 있었다.

종법제란 천자의 아들 중 장자가 대종(大宗)으로 천자를 계승하고, 둘째 아들은 소종(小宗)으로 그 밑의 계급인 공후(公侯)가 되는 것을 말한다. 또한 공후의 큰 아들은 공후를 계승하고, 둘째 아들은 그 밑에 계급인 경사(卿士)가 된다. 이처럼 종법제는 가족의 형제 사이를 정치의 상하계급으로 연결시킴으

---

[42] https://zh.wikipedia.org/wiki/%E5%AD%94%E5%AD%90

로써 가족제도와 정치제도를 일치시켰으며, 이로 인해 가족 간의 화목은 곧 정치의 화목으로 이어지는 것이었다. 그리하여 점차 아버지와 아들·형과 아우의 불화가 곧 정치적 분쟁으로 이어짐으로써 중국이 여러 개의 나라로 갈라지는 혼란한 시기를 맞았으니, 이때가 바로 공자가 살던 춘추 시대였다.

이러한 시대적 배경 하에서 공자는 무너진 사회질서를 되돌리기 위한 최선의 방책을 관계성의 회복으로 파악한다. 당시 국가가 여러 개로 분열된 근본 원인은 결국 아버지와 아들·형과 아우의 가족관계가 무너진 데서 시작되었기에, 정치적 분열을 바로잡기 위해서는 서로간의 관계성 회복이 무엇보다 우선시되어야 한다고 생각했던 것이다. 그렇기에 공자의 핵심 사상으로 알려진 인(仁)과 예(禮)는 바로 무너진 관계성을 회복하기 위한 공자의 해결책이라 할 수 있다.

공자가 말한 '인'이란 한마디로 '타인에 대한 애정'으로서, 인간관계는 근본적으로 서로 간의 애정이 바탕이 되어야 한다는 공자의 정신이 담겨있다. 다음으로 '예'란 '인간관계에는 구별됨이 있다'는 의미로서, 내가 관계 맺는 상대가 부모냐·직장 상사냐·배우자냐에 따라 나의 역할과 책임이 아들로·부하 직원으로·배우자로 구별된다는 것을 말한다. 공자는 이러한 인과 예를 결합시켜 무너진 인간관계를 바로잡아 사회질서를 회복하고자 했는데, 인과 예의 결합으로 나타난 가장 대표적인 예가 바로 오륜(五倫)이다.

오륜은 잘 알려진 대로 부자유친(父子有親: 부모와 자녀 간에는 친애함이 있어야 한다)·군신유의(君臣有義: 군주와 신하 간에는 서로 지켜야 할 올바른 도리가 있다)·부부유별(夫婦有別: 부부 간에는 서로의 다름을 존중해야 한다)·장유유서(長幼有序: 어른과 아이 사이에는 차례가 있어야 한다)·붕우유신(朋友有信: 친구 간에는 신뢰가 있어야 한다)의 다섯 가지 조목을 일컫는다. 이 가운데 앞의 두 글자에 해당하는 '부자·군신·부부·장유·붕우'는 다섯 유형의 인간관계를 지칭한다. 즉 부자와 부부는 가족관계를, 군신과 붕우는 사회관계를, 장유는 가족과 사회에 통용되는 관계이다. 이 다섯 가지 유형은 당시 사회를 구성하는 가장 기본적인 인간관계로서 개인이 평생 맺게 되는 인간관계를 압축한 것이라 할 수 있다. 그러므로 오륜의 앞 두 글자(부자·군신·부부·장유·붕우)는 다양한 인간관계 속에서 나의 역할과 책임을 구별한 것이며, 인과 예 가운데 '예'에 해당한다.

다음으로 오륜의 뒷부분에 해당하는 '친·의·별·서·신'은 각 관계에 따른 적합한 윤리 덕목을 지칭한다. 이 윤리 덕목들은 관계 맺는 상대에 따라 친·의·별·서·신으로 다르게 나타나지만, 그 근본은 모두 타인에 대한 애정에서 출발한다는 공통점을 갖는다. 즉 부부 사이의 친애함이나, 친구 사이의 신뢰 등은 모두 애정이 뒷받침되어야만 실천할 수 있는 덕목이라는 게 공자의 설명이다. 그러므로 친·의·별·서·신의 바탕이자 이들을 하나로 묶는 덕목은 바로 '인'으로서,

오류의 뒷부분(친·의·별·서·신)은 인과 예 가운데 바로 '인'에
해당한다.

이처럼 오류은 인과 예의 결합이며, 다양한 인간관계를 조
화롭게 유지하는 다섯 가지 윤리 덕목을 지칭한다는 점에서
관계윤리에 속한다.

공자는 춘추시대의 정치적 혼란이 발생한 근본 원인을 인
간관계의 갈등과 다툼에서 찾고 있다. 그리하여 그 해결책으
로서 제시한 것이 바로 인과 예, 그리고 오류이라는 관계윤리
이다. 이러한 이유로 유학이 성행했던 시기에 적합한 인재상
은 바로 타인과의 관계를 중시하는 인재였던 것이다.

다음으로 개인주의는 근대라는 새로운 문명의 시작을 시대
적 배경으로서 두고 있다. 약 1000년간을 지속해왔던 중세의
끝과 함께 시작된 근대는 인간의 이성이 그 어느 때보다 더욱
강조되던 시기였다.

중세 1000년은 카톨릭이라는 종교가 지배하던 시기로서,
인간 이성이 아닌 신적 권위가 가장 중요했다. 그렇기에 인간
은 이성을 통해 자신의 삶을 계획하는 주체적 존재가 아니라,
신이 정한 삶의 방식을 따라야만 하는 수동적 존재였던 것이
다. 그러나 16세기 종교개혁과 과학의 발달 등에 힘입어 중세
의 질서는 점차 해체되기 시작하였고, 근대의 시작과 함께 신
적 권위는 이제 인간의 이성으로 대체된다.

1000년이라는 오랜 기간 동안 신적 권위에 종속되어왔던

인간은 이제 더 이상 자기 위에 존재하는 절대적 권위를 인정하지 않기 시작한다. 절대적인 신적 권위 대신에 자신의 이성을 신뢰하기 시작하였고, 그 결과 이성이 가진 합리적 판단과 사유를 통해 인간사회의 질서와 규범을 새롭게 제정한다. 근대로는 새로운 문명의 시작을 알린 것이다. 이처럼 신적 권위가 아닌 이성에 의한 문명의 시작을 알린 것이 바로 근대의 대표적 특징이다. 그리고 이러한 근대의 특징을 아우르는 사상이 바로 개인주의인 것이다.

개인주의에서 '개인'에 해당하는 'individual'은 원래 '분할될 수 없는 것'이란 뜻을 가진 희랍어에서 유래했으며, 이 단어는 원자(atom)라는 말과 동의어로 쓰이기도 하였다.[43] 원자란 더 이상 환원될 수 없는 단일하고 유일한 성질을 지닌 물질의 기본 단위로서, 개인 역시 이러한 성질을 가지고 있다는 것이다.

원자는 서로 결합하여 사물을 구성하더라도 원자 본래의 고유한 성질을 잃지 않는다. 즉 원자는 분할되지 않기 때문에 사물을 구성하거나 분해하더라도 원자는 그대로 남아있다는 것이다. 마치 물에도, 그리고 물을 분해하더라도 수소(H_2)와 산소(O)는 그대로 남아있는 것과 같다. 개인 또한 그러하다. 개인은 사회를 구성하는 가장 작은 기본 단위이지만, 원자와

---

[43] 문성학, 『도덕윤리교육의 철학적 기초』, 경북대학교출판부, 2015, 112쪽.

마찬가지로 단순히 사회라는 전체에 종속되지 않는다. 사회 속에 있지만 스스로의 이성을 가지고 자신만의 삶을 살아가는 독립적 존재이다.

이 특징을 중세의 인간관과 비교해보면 개인의 의미를 보다 명확히 알 수 있다. 중세의 신적 권위와 이에 기초한 절대왕정 체제하에서 인간은 사회 속에 종속된 존재였다. 인간은 사회가 규정한 규범과 가치를 따라야 하는 종속된 존재로서, 각자의 고유성과 독립성은 인정되지 않았다. 반면 개인은 사회 속에 살더라도, 사회에 완전히 종속된 존재가 아니다. 원자와 마찬가지로 자시의 고유성을 유지한 존재로서, 이성에 의해 스스로의 삶을 계획하고 결정하는 주체적이고 독립된 존재로 남아있는 것이다. 그러므로 개인주의에서의 개인은 사회라는 전체 집단보다는 각자의 프라이버시와 이익을 중요시 여긴다는 특징을 갖는다.

근대의 시작과 함께 등장한 개인주의에서는 이처럼 사회보다는 나 자신이 강조된다. 그렇기에 사회의 여러 인간관계 속에서 자신의 역할과 책임이 미리 결정되는 유학의 인간관을 거부한다. 물론 근대의 개인도 가족, 학교, 회사 등의 사회 속에 살면서 다양한 인간관계를 맺는다. 그러나 이러한 관계 이전에 '나'라는 사람이 먼저 존재하며, 나의 선택과 결정 이후에 관계는 의미를 갖게 되는 것이다. 관계 속에 지켜야할 윤리규범이 미리 결정되는 것이 아니라, 나의 개성과 이익에 따라 관계를 유지하기도 하고 끊기도 한다. 어디까지나 관계를 맺는 주체는 '나'인 셈이다. 그러므로 개인주의에서는 개인의 합리적 판단력과 선택, 그리고 자신의 이익을 중요시하는 인재가 환영받는다.

반면 유학에서의 인간이란 철저히 관계 속의 존재이다. 인간은 태어날 때부터 누구의 자녀, 누구의 동생 등등의 인간관계가 이미 결정되어 있다. 내가 태어난 후에 부모가 있는 것이 아니며, 내가 있은 후에 대한민국이라는 국가가 성립된 것이 아니다. 즉 나는 내가 선택하기 이전에 누구누구의 자녀이며, 대한민국 국민이라는 관점이다. 그렇기에 개인의 선택과 이익 보다는 관계성이 강조된다. '수기안인(修己安人: 나를 닦아 남을 편안하게 한다)'과 '수기치인(修己治人: 나를 닦아 사회를 평안하게 한다)'이라는 유학의 가르침에 잘 나타나듯이, 나를 갈고닦는 목적은 나의 이익을 위해서가 아니라 인간관계의 조화를 위해서이다.

이처럼 유학과 개인주의는 그 인재상에서 분명한 차이점이 존재한다. 그리고 이러한 차이는 유학과 개인주의가 성행했던 시대의 차이에서 기인한다는 점에서, 시대의 변화에 따른 인재상의 변화를 알 수 있다. 시대와 인재상의 이러한 관련성을 주목한 채 최한기가 주장한 통섭형 인재로 다시 돌아가 보자.

최한기가 살았던 19세기는 개화기를 목전에 둔 혼란한 시대로서, 당시 조선은 내외적으로 급격한 변화를 맞고 있었다.

그의 통섭 철학은 이러한 시대적 배경 속에서 조선의 위기를 극복하기 위한 대안으로서 시도된 것이며, 통섭형 인재는 그 것을 실행할 미래 인재상으로 도출된 것이다.

시대적 위기를 극복하는 것은 결국 인재에 달려있다는 것 이 최한기의 지론이었다. 그렇기에 그의 통섭 철학은 단순히 통섭의 이론 체계를 수립하기 위한 것이 아니라, 궁극적으로 는 통섭형 인재를 지향한다.

> 정치와 교육이 좋은 인재를 선발하는 것에서부터 출발하
> 지 않으면 국가의 이익에 도움이 되지 않는다. 사회질서의
> 확보와 백성의 편안함 또한 좋은 인재를 선발하는 것에서부
> 터 출발해야만 제대로 시행될 수 있다.[44]

최한기는 국가와 백성의 평안이 국정을 담당할 인재 선발 에 달려있다고 말한다. 정치와 교육을 담당할 인재의 자질이 부족하다면, 그 만큼 국가 경쟁력 또한 하락하기 마련이다. 결국 좋은 인재가 좋은 국가를 만든다는 것이며, 이러한 주장 은 그의 저술 곳곳에서 나타날 만큼 그는 인재의 중요성을 강 조하였다.

사실 국가의 발전이 인재에 달려있다는 주장은 최한기가 처음이 아니다. 그것은 공자로부터 이어져 내려온 유학의 공

---

[44] 최한기, 『인정(人政)』 권21, 「용인문이(用人門二)」 '용인위학문치안지원위(用人爲學問治安之源委)'

통된 특징이다. 유학에서는 국가를 다스림에 있어 법과 제도보다 항상 인재를 중요시해왔다. 부모님이 어떤 분이냐에 따라 가정의 분위기와 자녀의 인성이 결정되며, 사장이 어떤 사람이냐에 따라 회사의 수준과 종업원의 만족도가 결정되며, 정치지도자가 누구냐에 따라 국가의 평안이 결정된다는 것이 바로 유학의 기본 입장이다.

최한기가 강조한 인재의 중요성 또한 유학의 이러한 입장을 그대로 계승한 것이라 할 수 있다. 하지만 '어떤 인재가 필요하냐'라는 '인재상'을 결정하는 문제에 있어서는 유학과의 분명한 차이점이 존재한다. 최한기가 주장한 인재상은 유학에서 강조하는 도덕적 인재(관계윤리를 중시하는 인재)가 아니다. 다양한 지식을 수용하고 이를 통해 종합적 의사결정을 내릴 수 있는 통섭형 인재이다.

최한기는 유학자로 분류된다. 그렇지만 그가 처한 시대는 이전과는 매우 달랐다. 도덕적 인재를 강조하던 최한기 이전의 시대는 대체적으로 안정된 시기였다. 서양 문물과의 접촉이 없었고, 신분제 등의 사회질서도 큰 변화 없이 안정되어 있었다. 그렇기에 이전의 방식대로 국정을 운영하여 유지시키는 것이 필요했고, 도덕적 인재 또한 그대로 강조되어왔다. 하지만 최한기 시대에 이르러서는 조선의 상황은 완전히 달라졌다. 서양 문물의 유입과 더불어 사회질서가 뿌리 채 흔들리는 등 극심한 변화를 겪고 있었다.

　이러한 변화 속에서 최한기는 도덕적 인재가 아닌 새로운 인재의 필요성을 절감했고, 그 결과로서 도출된 것이 바로 통섭형 인재이다. 통섭형 인재는 당시의 내외적인 변화 요소들을 모두 인지하고, 그것을 종합하여 정치와 교육 등에 활용함으로써 전반적인 현신을 가져올 수 있는 인재이다. 과거의 국정 운영방식을 그대로 고수하는 것이 아니라, 새롭게 유입된 지식과 정보들을 토대로 그에 맞는 새로운 국정 운영방식을 실행할 수 있는 있는 인재이다.

(2) 통섭 체계와 통섭형 인재

　앞에서 서술한 바와 같이 최한기가 동양과 서양의 학문을 통섭하기 위해 선택한 재료는 기(氣)이다. 하지만 종래의 기철학에서 기는 감각기관으로 인식할 수 없는 경험 불가능한 대상이었다. 또한 기의 운동과 변화의 원리를 음양오행으로서 설명하였기에 서양과학의 경험적 방법론과 양립할 수 없었다. 이러한 난관을 극복하기 위해 최한기가 고안한 개념이 바로 형질을 지닌 유형의 기 개념과 운화기 개념이다.

　먼저 '유형의 기'는 기를 형질을 지닌 유형의 존재로 파악함으로써 기를 감각기관으로 인식할 수 있는 경험 대상으로 규정한 것이다. 다음으로 '운화기'는 기의 운동과 변화를 음양오행이 아닌 물질의 기계적 운동성으로 파악한 개념이다. 그리하여 최한기는 유형의 기와 운화기 개념을 통해 동서 학문의 통섭을 가능하게 만들었던 것이다.

통섭을 위한 이러한 기 개념의 변화가 단순히 기의 변화로만 그치지 않는다. 기철학에서 기란 인간과 만물의 생성과 변화를 관장하는 근원적인 존재로서 규정된다. 그러므로 기 개념의 변화는 기에 국한되는 것이 아니라 인간에 대한 이해 역시 함께 변화한다는 것을 의미한다.

최한기의 유형의 기와 운화기 개념 역시 인간에 대한 이해를 변화시켰는데, 그것이 바로 통섭형 인재이다. 비단 최한기뿐 아니라 각 철학자들의 기 개념은 그들이 추구한 인재상과 밀접한 연관을 가지고 있는데, 그들의 기 개념과 인재상이 어떻게 연결되고 있는지를 먼저 살펴보자.

최한기 이전의 대표적 기철학자들로는 장재(張載), 서경덕(徐敬德), 임성주(任聖周) 등이 있었는데, 이들의 기 개념은 모두 도덕적 인재를 정당화한다는 특징을 지닌다. 장재, 서경덕, 임성주의 학문 사이에는 분명 차이점이 존재하지만, 기의 가장 본질적 속성을 도덕 가치로 규정한다는 점에서는 동일하다. 그리하여 이들은 모두 기 개념을 통해 도덕적 인재를 정당화할 수 있었던 것이다.

이러한 도덕적 인재의 구체적인 특징을 『중용(中庸)』의 '중화' 개념에서 살펴볼 수 있다.

희노애락의 감정이 아직 발현되지 않았을 때를 '중(中)'이라 하고, 그것이 발현되었을 때 모두 절도에 맞는 것을 '조화(和)'라고 한다. 그러므로 중이라는 것은 천하의 큰 근본이며, 조화라는 것은 천하에 통용되는 도리이다.[45]

'중'이란 감정이 발현되기 이전의 마음의 본래적 상태로서, 이 때의 마음에는 기의 본질인 도덕성만이 잠재되어 있다. 그렇기에 도덕적 인재란 감정이 아직 발현되지 않는 고요한 때부터 도덕성을 소중히 여기고 보존하는 사람이다.

'화(和)', 즉 조화란 감정의 발현 시에 도덕성이 마음의 중심이 됨으로써 감정이 절도에 맞게 되는 것을 말한다. 그렇기에 도덕적 인재란 마음이 움직일 때도 도덕성으로 감정을 적절히 절제할 수 있는 사람이다.

홀로 조용히 있을 때나, 타인과 대화를 할 때, 혹은 어려운 일에 직면했을 때에도 자신의 마음가짐에 따라 모든 것이 달라지는 경험을 해보았을 것이다. 어려운 일에 직면하더라도, 긍정적인 마음을 가지면 그 일에 대한 두려움이 사라지는 것처럼 말이다. 중화란 바로 마음의 이러한 특징에 기초하되, 마음을 바로잡는 중심을 도덕성으로 파악한 개념이다.

이처럼 중화 개념은 도덕성으로 마음을 다스리고 절제하는

---

[45] 『중용(中庸)』, 권1-4.

인간이 바로 도덕적 인재라는 것을 보여준다. 장재, 서경덕, 임성주 모두는 이러한 인재상을 추구했으며, 기의 본질을 도덕성으로 규정함으로써 도덕적 인재를 논리적으로 정당화할 수 있었던 것이다.

반면에 유형의 기와 운화기라는 새로운 기 개념을 고안한 최한기 철학에서는 도덕적 인재가 정당화되지 않는다. '유형의 기'는 기에 형질이 있다는 외적 속성을 나타내며, '운화기'는 운동과 변화가 기의 내적이며 본질적인 속성이라는 것을 나타낸다. 그리하여 이 두 속성을 인간에 적용하면, 먼저 유형의 기는 인간의 형체를 구성한다. 다음으로 운화기는 인간 마음의 인식작용을 구성하며, 그것을 인간의 본질로서 규정한다.

인간 본질인 마음의 인식작용이란 외부 사물의 형태와 특징 등을 지각하고 판단하는 작용을 이른다. 그리고 이러한 인식작용에는 마음의 지속적인 움직임이 수반되기에, 최한기는 이것을 운화기가 마음속에서 일으키는 운동이라고 파악했던 것이다. 운화기기 개념에는 도덕성이 배제되어 있다. 그러므로 도덕적 인재가 아니라 인식작용을 중요시 하는 인재가 정당화된다.

19세기 조선에서는 오늘날 사용하는 '인식'이라는 용어가 거의 사용된 적이 없었다. 그렇기에 최한기 철학에서 '인식'에 해당하는 용어는 '추측(推測)'이며, 인식작용 또한 추측작용이라는 용어로 대체된다.

추측은 추와 측의 결합어로서, '추'는 '지각'을 '측'은 '판단'을 가리킨다. 그러므로 추측이란 곧 지각하고 판단하는 작용으로서, 인식과 그 의미가 일맥상통한다는 점을 알 수 있다.

눈, 귀, 코, 혀, 몸에는 모두 지각 기능이 있고 판단은 마음에 달려있다. 대상을 지각한 후에 판단하는 행위는 모두 진실하다. 하지만 무형의 사물은 지각할 수 없기에 공허하다.[46]

음식을 씹어 맛을 분별하는 것도 지각하여 판단하는 것이요, 책을 읽고 그 뜻을 분별하는 것도 지각하여 판단하는 것이다.[47]

이처럼 추는 지각기능을 측은 판단기능을 담당하는데, 이두 가지 기능은 분리된 것이 아니라 순차적으로 연결되어 하나의 인식작용을 구성한다는 것을 말한다. 다시 말해, 추측은 이목구비의 감각기관이 먼저 유형의 사물을 지각하는 추의 작용이 있은 후에, 그 지각을 토대로 사물에 대한 판단을 내리는 측의 작용이 뒤따라옴으로써 완성된다는 것이다. 그러므로 추측은 '음식을 씹어 맛을 느끼는 미각이라는 지각[추]'을 통해

---

[46] 최한기, 『추측록(推測錄)』 권6, 「추물측사(推物測事)」 '무추개허(無推皆虛)'

[47] 최한기, 『추측록(推測錄)』 권1, 「추측제강(推測提綱)」 '추측호용(推測互用)'

'그 맛과 재료 등을 판단[측]'하는 것이며, '책을 보는 시각이라는 지각[취]'을 통해 '그 뜻과 의미를 판단[측]'하는 인식작용 전체를 일컫는다. 이처럼 최한기는 마음속의 본래적 도덕성을 배제하고, 지각과 판단의 결합으로 구성된 추측의 인식작용만을 마음의 역할로서 규정했던 것이다.

추측의 중요한 특징 중 하나는 지각 불가능한 무형의 사물을 철학에서 배제한다는 점이다. 추측은 지각과 판단의 결합이다. 그렇기에 지각에 의존하지 않는 판단, 즉 '추'가 없는 '측'은 공허한 것이 되어버린다. 그러므로 지각할 수 없는 무형의 사물이 아니라, 지각 가능한 유형의 사물만이 추측의 대상이 될 수 있다.

최한기 철학의 차별적 특징 중 하나는 우주 안의 모든 사물들이 인간의 감각기관으로 지각할 수 있는 유형의 존재로서 규정된다는 점이다. 지각 불가능한 무형의 사물의 존재성을 인정하는 주자학과 장재·서경덕 등의 기철학과는 분명히 구분되는 특징이 아닐 수 없다.

최한기가 볼 때 우주 안의 모든 사물, 심지어는 사물을 구성하는 기(氣)조차도 인간이 지각할 수 있는 유형의 존재여야 했다. 그래야만 추측을 통해 그것에 관한 경험적·실증적 지식을 취득할 수 있고, 취득한 지식을 다시 인간 사회에 유용하게 활용할 수 있기 때문이다.

형질을 지닌 유형의 기 개념은 바로 기로 구성된 우주 안의 모든 사물이 유형의 존재라는 것을 정당화한다. 아울러 운화기 개념은 인간 마음의 역할을 추측으로 규정함으로써 유형의 사물에 관한 경험적·실증적 지식의 취득을 정당화한다. 그러므로 최한기의 유형의 기와 운화기 개념은 이전의 기철학자들과 달리 도덕적 인재가 아니라 새로운 인재상을 도출하는데, 그것이 바로 통섭형 인재이다.

추측과 통섭형 인재는 과연 어떻게 연관될 수 있을까? 우리는 앞서 통섭형 인재를 '다양한 지식과 정보들을 습득하고, 이를 토대로 종합적 의사결정을 내릴 수 있는 인재'로 정의한 바 있다. 그리고 이 정의를 다시 '다양한 지식과 정보의 습득'이라는 앞부분과 '그것을 토대로 한 종합적 의사결정'이라는 뒷부분으로 나누어보면, 추측을 본질로 삼은 최한기의 인간관과의 공통점을 분명하게 발견할 수 있다.

첫째, 추측은 현실의 변화를 중요한 추측의 대상으로 삼는다. 최한기 당시의 조선의 상황은 내외적인 극심한 혼란과 변화를 겪고 있었다. 하지만 무형의 이(理)와 그것에 근거한 도덕성을 중시한 주자학의 이론 체계 내에서는 당시의 변화 요소들에는 무관심할 수밖에 없었다. 도덕적 인재 역시 마찬가지였다. 반면에 추측을 통해 외부와 소통하는 인재는 현실의 변화 요소들이 무엇보다 중요하다.

추측은 추측 행위를 통해서만 지식을 취득한다. 즉 추측 이전에는 대상에 관한 그 어떠한 지식도 얻을 수 없다는 말이다. 나무를 추측한 후에야 비로소 나무에 관한 경험적·실증적 지식을 갖게 되는 것이지, 그 전에는 나무에 관한 그 어떤 지식도 내게 없는 것과 같다. 그러므로 인간 사회에 필요한 충분한 지식을 얻기 위해서는 다양한 사물에 관한 추측이 필요하며, 그 중에서도 최한기는 현실의 변화를 가장 중요한 추측의 대상으로 꼽고 있다. 시세를 반영한 국정운영을 위해서는 현실의 변화에 항상 민감하게 반응해야하기 때문이다.

이처럼 추측은 당시 조선의 다양한 변화요소들을 추측의 대상으로 삼는다는 점에서, '다양한 지식과 정보의 습득'이라는 통섭형 인재의 앞부분과 공통된 성격을 갖는다.

둘째, 추측은 취득한 지식을 실무에 활용하는 데 쓰인다. 나무를 추측하여 지식을 얻는 것은 그 지식을 다시 나무를 기르고 이용하는데 활용하기 위함이라고 최한기는 말한다. 마찬가지로 당시 조선에 닥친 다양한 변화요소들을 추측하는 것은 결국 그것을 국정운영에 활용하기 위함이다.

국정운영은 수많은 지식들의 통합체라 할 수 있다. 당시 국정운영을 구성하는 정치·교육·경제·법·행정제도·산업 등에 얼마나 많은 지식들이 요구되는지 쉽게 짐작할 수 있을 것이다. 더욱이 이 지식들은 시대의 흐름에 따라 함께 변화한다는 점에서 국정운영의 내용과 방식도 늘 수정되고 개선되어야만 한다. 추측은 바로 이러한 점에서 유용하다. 현실의 요소들을 추측 대상으로 삼기에 변화에 민감하며, 그 지식들을 종합하여 국정운영에 활용하기에 변화에 따른 정사를 시행할 수 있다. 그러므로 추측은 당시 조선의 다양한 변화요소들을 종합하여 정사에 적절히 반영한다는 점에서, '습득한 지식을 토대로 한 종합적 의사결정'이라는 통섭형 인재의 뒷부분과 공통된 성격을 갖는다.

이처럼 최한기의 유형의 기와 운화기 개념은 통섭형 인재를 정당화한다. 바꿔 말하면 그의 독창적 기철학은 결국 통섭형 인재를 지향하고 있다는 것이다. 그 어느 때 보다 변화의 속도가 빠른 오늘날 통섭과 통섭형 인재가 왜 이렇게 강조되는지, 최한기 철학은 여전히 우리에게 많은 것을 시사한다.

제3장 통섭형 인재의 자격조건

최한기는 추측을 통해 새로운 지식과 정보를 습득하고, 이것을 융합하여 새로운 의사결정에 활용할 수 있는 인재, 즉 통섭형 인재를 통해 시대적 위기를 극복하고자 하였다. 그렇다면 이러한 통섭형 인재가 되기 위한 자격요건은 무엇일까? 우리는 무엇을 어떻게 준비해야 하는 걸까? 최한기는 우리에게 '넓게 익히기, 논리적 사고력 증진, 소통의 확대, 종합적 사고력 기르기'라는 네 가지를 자격요건으로 제시한다.

1. 넓게 익히기

새로운 정보와 지식의 홍수 속에서 오늘날의 산업 환경은 하루가 다르게 변화하고 있다. 이처럼 급변하는 산업 환경에서 가장 중요한 것은 무엇일까? 그것은 바로 새로운 정보와 지식의 습득이다. 미디어아트(media art)라는 새로운 예술장르의 탄생은 우리에게 새로운 정보와 지식의 습득의 중요성을 잘 보여준다.

미디어아트란 원래 1960년대에 시작된 예술의 한 장르로서, 미술관에서만 볼 수 있었던 캔버스의 미술작품들을 텔레비전·신문·잡지·만화·포스터 등의 대중미디어를 빌려 대중들이 보다 쉽게 접할 수 있는 형태로 제작한 것을 말한다. 그러므로 미디어아트란 대중미디어와 아트의 통섭을 통해 탄생한 새로운 예술 장르라 할 수 있다.

예술도 일종의 소통행위이다. 작가는 자신의 미적세계를 캔버스·물감·붓·석고·쇠·돌 등의 미디어를 통해 대중들과 소통한다. 그러나 1960년대에 이르러서는 텔레비전·신문·잡지·만화·포스터·컴퓨터 등의 미디어가 소통을 위한 새로운 수단으로 대중화되기 시작한다. 소위 대중미디어의 시대가 열린 것이다. 이러한 미디어의 급격한 변화 속에서 몇몇의 예술가들은 남들보다 한발 앞서 자신의 미적세계를 대중미디어를 통해 나타내기 시작했다. 예술과 대중미디어를 통섭함으로써 미디어아트라는 장르가 개척된 것이다.

최근 미디어아트는 또 한 번의 큰 변화를 시도하고 있다. 디지털 기술의 발전과 4차 산업혁명 등으로 인한 새로운 미디어가 등장했기 때문이다. 그리하여 최근의 미디어아트는 새로운 미디어와의 통섭을 통해 이전과는 다른 형태의 예술을 보

〈사진 9〉[48]

여준다. 기존의 캔버스에 그려진 명화들을 디지털 기술을 통해 입체적이고 살아 움직이는 것으로 변환시켜 전시하는 것이 그 대표적 예이다.

2019년 5월 서울숲 갤러리아 포레에서는 '더 뮤즈: 드가 to 가우디'라는 제목으로 이러한 미디어아트 전시회가 열렸다. 사전 예매만 무려 2만 명이 넘는 등 대중들의 반응은 폭발적이었다.

이러한 기록적인 예매율은 캔버스의 그림들을 전시하는 일반적인 갤러리들의 저조한 예매율과 비교해보면 놀랄만한 차이가 아닐 수 없다. 미디어아트는 이처럼 새로운 정보와 지식의 출현이 예술 산업에 미친 영향력을 단적으로 보여준다. 그동안 미술품과 전혀 상관이 없다고 여겨졌던 IT분야의 신기술이 통섭을 통해 미술 전시회에 큰 혁신을 가져온 것이다.

새로운 정보와 지식의 출현은 산업 환경의 급속한 변화를 가져온다. 그리고 그럴수록 통섭과 통섭형 인재의 중요성은 더욱 강조되기 마련이다. 현 교육계의 통섭형 인재를 양성하기 위한 많은 투자와 노력이 바로 이 점을 잘 보여준다.

---

48 https://www.opengallery.co.kr/exhibition/3266

　　최근 대학에서 두 개 이상의 학과들을 하나로 묶는 통섭 혹은 융합 학과의 신설이 유행하고 있다. 서울대학교는 2009년부터 인문대학·사회대학·IT대학 등의 단과대학 별로 융합 학과들의 신설을 추진하였으며, 그 후 국내의 여러 대학들에서도 우후죽순처럼 통섭 혹은 융합 학과들이 신설되고 있다. 경북대학교도 예외가 아니다. 인문카운슬링학과·인공지능학과·의생명융합공학과·로봇 및 스마트시스템공학과·수소 및 신재생에너지학과·농생명융합공학과로 구성된 융합대학원이 2019년 신설되었다.

　　이와 같은 통섭 혹은 융합학과들의 대거 등장은 산업 현장에서 통섭형 인재가 얼마나 강조되고 있는지를 나타낸다. 새로운 지식과 정보의 끊임없는 유입에 노출된 산업체들은 더 이상 과거의 방식만을 고수할 수 없다. 통섭을 통한 변화와 혁신이 새로운 산업경쟁력이 되었으며, 이를 위해서는 통섭형 인재가 필요한 것이다.

　　과거에 카메라 필름 시장을 오랜 기간 선도하던 코닥(KODAK)이 갑작스레 선두자리를 내주게 된 사건도 통섭의 중요성을 간과했기 때문이다. 카메라 필름의 전문화를 통해 산업경쟁력을 지켜왔던 코닥은 필름이 필요 없는 디지털 카메라의 등장이라는 새로운 변화를 맞게 된다. 하지만 디지털 카메라의 급격한 확산과 유행을 미리 감지하지 못하고, 과거의 방식만을 고수했던 코닥은 한순간에 판매율이 급감하여 선두자리를 빼

앗기고 말았던 것이다.

새로운 정보와 지식의 유입, 그리고 유입된 지식들의 통섭으로 새로운 분야와 제품들이 개척되고 있는 통섭의 시대에서는 다양한 지식들을 널리 섭렵한 인재가 필요하다. 통섭을 위해서는 다양하고 새로운 정보와 지식들의 습득이 무엇보다 우선시되어야 하기 때문이다.

최근 신설된 융합학과들이 한 분야가 아닌, 여러 분야의 지식들을 섭렵할 것을 목표로 하는 것도 같은 이유이다. 또한 최근 기업들이 신입사원 공채 시에 복수전공자를 선호하거나, 다양한 자격증과 경험을 가진 인재를 중시하는 것도 마찬가지이다. 통섭을 위해서는 다양하고 새로운 정보와 지식들의 습득이 선행되어야 한다. 그러므로 통섭형 인재가 되기 위한 '첫 번째 자격조건'은 다양하고 새로운 것을 넓게 익히는 일이다.

한 우물만 파면된다는 말은 더 이상 통용되지 않는다. 한 우물을 깊게 파는 것보다 여러 개의 우물을 동시에 파는 것이 더 중요한 시대이다. 자신의 전공 혹은 관심분야와 무관한 지식이라 할지라도 그것이 언제든 나의 경쟁력을 좌우하는 중요한 자산이 될지 모른다는 생각을 가지고 넓게 익히는 자세가 필요하다.

최한기가 통섭형 인재의 첫 번째 자격요건으로서 '넓게 익히기'를 주장하는 것도 같은 이유이다. 기철학이란 기를 통해 만물의 발생과 변화를 설명하는 사유체계로서, 기에 관한 지

식이 기로 구성된 만물의 지식들과 맞닿아 있다는 것을 전제
한다. 하지만 최한기 이전의 기철학에서는 기의 본질을 도덕
성에 둠으로써 외부 세계에 관한 자연과학적 탐구보다는 도덕
성의 수양과 실천을 강조하였다. 그리고 이로 인해 '넓게 익
히기'는 정당화될 수 없었다.

〈사진 10〉[49]

기철학을 처음으로 체계화시킨
장횡거(張橫渠, 1020-1077)에게 이러
한 특징이 잘 나타난다. 그는 도
덕적 지식을 강조하기 위하여 먼
저 기의 층위를 두 가지로 구분한
다. 하나는 도덕성의 근원이 되는
기의 본질적 속성이며, 다른 하나
는 만물의 형체를 구성하는 기의

물질적 속성이다. 그리고 이러한 기의 두 층위는 기로 구성된
만물에 관한 지식 또한 '덕성지'(德性知)와 '견문지'(見聞知)라는
두 층위로 구분시킨다.

인간의 본성은 선하지 않음이 없다. 하늘이 부여한 도덕
성은 우리가 본래부터 아는 것이지, 듣고 보는 견문을 통해
서 아는 것이 아니다.[50]

---

49 https://zh.wikipedia.org/wiki/%E5%BC%B5%E8%BC%89_(%E5%8C%97%E5%AE%8B)

50 장횡거, 『정몽(正夢)』, 「성심(誠明)」 1장.

맹자께서 "마음을 극진히 하면 사람의 본성도 알고 하늘도 안다"고 한 것이 바로 이 덕성지를 가리킨 것이다. 보고 들어서 아는 견문지는 외부사물과 교류하여 알게 되는 지식으로서, 도덕성을 통해 아는 덕성지와는 다르다. 덕성지는 보고 듣는 데 기원을 두지 않는다.[51]

덕성지란 타고난 도덕성을 자각하는 것으로서 곧 도덕적 지식을 말한다. 반면에 견문지란 보고 듣는 등의 감각기관을 통해 얻게 되는 외부 세계에 관한 경험적 지식을 말한다. 이 두 층위의 지식 가운데 그가 절대적 가치를 부여한 것은 도덕적 지식, 즉 덕성지였다.

유학자인 장횡거가 볼 때, 도덕적 지식은 인간 본질의 실현을 위해 반드시 알아야만 하는 필수적 지식이었다. 반면 외부 세계에 대한 경험적 지식은 인간의 필요와 욕구를 채우기 위해 필요한 것이기는 할지라도, 도덕적 지식과는 결코 동일한 가치를 가질 수 없는 하등의 지식이었다. 그리하여 그는 이러한 지식의 상하 층위를 엄격히 구분하기 위하여 지식의 근원이 되는 기의 층위를 함께 구분했던 것이다.

이러한 특징은 비단 장횡거에만 국한되지 않는다. 최한기 이전의 기철학들에게 공통되는 사항이다. 그러므로 외부세계에 대한 경험적 지식을 상대적으로 경시한다는 이들의 철학에

---

[51] 장횡거 『정몽(正夢)』, 「대심(大心)」 1장.

서는 넓게 익히기가 정당화될 수 없다. 그렇다면 최한기는 동일한 기철학자임에도 불구하고 어떻게 넓게 익히기를 정당화할 수 있었던 것일까?

최한기는 여타의 기철학자들과 달리 기의 층위를 구분하는 것을 거부한다. 서양 과학의 성과를 수용한 그의 기 개념에는 도덕성과 같은 가치적 측면이 전적으로 배제된다. 기는 운동과 변화를 본질적 속성으로 지닌 유형의 존재일 뿐이다.

이처럼 그의 기철학에서는 기가 두 층위로 이원화되지 않으며, 그 결과 지식 또한 이원화되지 않는다. 추측을 통해 얻은 외부세계에 대한 경험적 지식만이 유일한 지식이다. 장횡거와 최한기 모두 기가 지식의 근원이라는 점은 같다. 하지만 기의 층위를 구분하지 않은 최한기에게서는 추측을 통한 경험적 지식만이 지식으로서 존재할 뿐이다.

추측을 통한 경험적 지식은 외부세계에 대한 추측의 양이 늘어날수록 그 지식의 양 또한 증가한다는 특징을 갖는다. 더 많이 추측할수록 더 많은 지식이 쌓인다. 다양한 대상을 추측하여 지식의 양이 증가할수록 조선의 경쟁력 또한 높아진다는 것이 그의 생각이었다. 이처럼 최한기 기철학에서는 넓게 익히기가 정당화된다.

이 뿐만이 아니다. 최한기의 성인(聖人)에 대한 이해방식에서도 넓게 익히기가 정당화되는 원리를 발견할 수 있다. 성인이란 모두가 본받아야 할 이상적인 인간상으로서 인식되어왔다. 그리고 이러한 특징으로 인해 각 학자들의 성인에 대한 이해방식은 그들이 주장한 인재상과 밀접한 관련성을 갖는다.

먼저 공자의 경우는 성인을 지식과 도덕성을 고루 겸비한 인물로 이해하였다.

> 오직 성인만이 총명과 밝은 지혜가 뭇 사람에게 임할 수 있다. 또한 성인의 인품은 넓고 고요하고 깊고 근본이 있다. 그 넓음은 마치 하늘과 같고, 고요하고 깊고 근본이 있음은 마치 깊은 연못과도 같으니, 성인이 나타나면 백성들이 공경하지 않는 이가 없고, 그가 말하면 백성들이 믿지 않는 이가 없고, 그가 행하면 백성들이 기뻐하지 않은 이가 없다. 이 때문에 그 명성이 온 땅에 넘친다.[52]

이처럼 공자는 지식과 도덕성을 고루 겸비한 인재를 성인으로 이해한다. 하지만 공자의 이러한 견해는 시간이 지남에 따라 점차 도덕성 중심으로 치우치게 된다. 맹자가 바로 그러한 경우인데, 그의 성선설이 성인에 관한 도덕적 이해를 강화시켰기 때문이다. 맹자의 성선설이란 모든 인간이 선한 본성을 가지고 태어난다는 것으로서, 여기서의 선한 본성이란 곧 인의예지의 도덕성을 말한다.

---

[52] 『중용(中庸)』 31장

측은하게 여기는 마음인 '측은지심'과 부끄러워하는 마음
인 '수오지심'과 공경하는 마음인 '공경지심'과 옳고 그름을
판단하는 마음인 '시비지심'은 모든 사람이 날 때부터 지니
고 있는 마음이다. 측은지심은 인(仁)이고, 수오지심은 의
(義)이며, 공경지심은 예(禮)이고, 시비지심이 지(智)이다. 그
러므로 인의예지는 밖으로부터 내게 들어오는 것이 아니라,
내가 본래 가지고 있는 것이다.[53]

인의예지의 도덕성은 측은지심·수오지심·공경지심(혹은
사양지심)·시비지심을 통해 그것의 존재가 확인될 수 있는 것
이다. 맹자는 도덕을 배우기도 전에 인간에게 이 네 가지 마
음이 있는 것을 확인할 수 있다고 말한다. 우물에 빠진 아이
를 보면 배우지 않은 자라도 저절로 측은지심이 발휘되지 않
느냐는 것이다. 그러므로 이 네 가지 마음은 날 때부터 인간
에게 갖춰져 있으며, 그렇기에 이 네 가지 마음의 근거가 되
는 인의예지의 도덕성은 성선(선한 본성)으로서 인간에게 본래
존재한다는 주장이다. 그러므로 맹자에게 성인이란 날 때부터
가지고 있는 인의예지의 도덕성을 자각하고, 그것을 완성한
존재로서 정의된다.

공자는 성선설을 주장하지 않았다. 다만 도덕의 필요성을
강조했을 뿐이다. 하지만 맹자는 이러한 공자의 사상을 한층

---

53 『맹자(孟子)』, 「공손추(公孫丑)」 상편 6장

더 발전시켜, 도덕을 인간이 날 때부터 가지고 있는 선한 본성으로 규정함으로써 성인의 도덕적 이해를 강조할 수 있었던 것이다.

이러한 맹자의 성선설을 그대로 계승하고 발전시킨 인물이 바로 주희이다. 주희는 도덕 본성을 세계의 근원인 '이(理)'와 결부시킨다. 그리하여 주자학에서의 도덕성은 세계의 근원인 이(理)로부터 주어진 명령으로 변모하게 된다. 그리고 이것은 맹자보다 도덕성을 한층 더 강화시키는 결과를 낳는다. 그러므로 이제 주자학에서의 성인이란 오직 도덕적 완성자만을 지칭한다.

유학의 핵심 사상 중 '내성외왕(內聖外王)'이라는 개념이 있다. 내적으로 성인의 경지에 도달한 사람이 왕이 되어야 한다는 개념이다. 주희의 성인에 대한 이해방식을 통해 다시 이 개념을 해석해보면, 내적으로 도덕을 완성한 사람만이 왕이 될 수 있다는 말이 된다. 결국 국가를 위해 필요한 인재의 자격요건은 도덕성에 있다는 주장이다.

주자학을 수용한 조선에서도 성인에 관한 도덕적 이해가 그대로 유지되어왔다. 최한기 역시 주희가 성인으로 인정한 인물들, 즉 공자·요임금·순임금·주공 등을 성인으로서 인정한다.

모든 관원과 백성이 함께 협력하여 정책과 교육을 결정하

는 것, 그리고 나라가 편안할 때 어지러움을 염려하는 것과
어지러울 때 편안함을 도모하는 것에는 유학이 없어서는 안
된다. …… 성인이신 요임금과 순임금, 주공과 공자께서도
백성을 다스리는데 모두 유학을 높였다.[54]

아울러 최한기 역시 주희와 마찬가지로 성인의 경지에 도
달한 자가 국가를 다스려야 한다는 내성외왕의 개념에 동의한
다. 그렇다면 그의 성인에 대한 이해방식은 주희와 같은 것인
가? 그렇지 않다. 주희가 성인으로서 파악하는 인물들을 동일
하게 성인으로서 인정하며, 내성외왕의 개념도 그대로 수용하
고 있지만, 그 내용에 있어서는 분명한 차이가 존재한다.

성인은 본래 기(氣)를 스승으로 삼아 백성에게 가르침을
베풀고, 국가를 다스리는 법과 제도를 세워 태평을 가져오
는 자이다. 그러나 후세에 성인을 본받으려는 자는 다만 그
도덕적 행위만을 스승으로 삼을 뿐, 기를 추측함으로써 법
도를 세우는 성인의 근본정신을 스승으로 삼지 않는다. 그
결과 성인의 가르침을 담은 경전의 해석에만 집착할 뿐,
끝내는 성인의 가르침을 어기는 데까지 이르게 되었다.[55]

---

54 최한기, 『인정(人政)』 권11, 「교인문 사(敎人門 四)」 '유술(儒術)'

55 최한기, 『인정(人政)』 권25, 「용인문 육(用人門 六)」 '사운화(師運化)'

최한기가 볼 때 '성인'이란 만물의 근원인 기를 추측하여 지식을 획득하고, 획득한 지식을 활용하여 인간사회에 합당한 법과 제도 및 도덕규범을 수립하는 인물이었다. 그러므로 성인을 이해하는 초점은 기의 추측에 있다. 그런데 사람들은 이것을 제외하고 도덕성만을 중시하는 잘못을 범하고 있다는 것이 최한기의 지적이다. 그러니 성인의 가르침을 담은 경전의 해석도 오류투성이가 될 수밖에 없다는 견해이다.

> 기를 추측하여 인간사회의 법과 제도를 세우는 것이 바로 성인이 경전을 지은 본래 뜻이다. 이것을 모르고 경전의 해석에 매달리면 잘못되기 쉽다. 그러므로 기를 바르게 추측하는 것이야말로 성인의 뜻에 맞게 경전을 해석하는 것이다.[56]

성인으로 추앙받던 주공과 공자 등이 살았던 시대는 최한기의 시대로부터 멀리 떨어져 있다. 그러므로 그 시대의 법과 제도는 최한기 시대의 법과 제도와 큰 차이가 존재할 수밖에 없다. 그런데도 단순히 성인이 세운 법과 제도와 도덕규범만을 본받으려한다면, 현재에는 적합하지 않을 수 있다는 것이다. 그러므로 법과 제도 등을 본받을 것이 아니라, 법과 제도를 수립하기 위해 사용된 기의 추측을 본받는 것이야말로 진

---

[56] 최한기, 『인정(人政)』 권14, 「선인문 일(選人門 一)」 '선경술(選經術)'

정으로 성인을 본받는 것이라는 게 최한기의 주장이다.

기의 추측이란 기로 구성된 다양한 사물들에 대한 추측을 가리킨다. 또한 사물을 추측함으로써 얻은 지식들은 시대의 흐름과 함께 달라지곤 한다. 지구가 평평하다는 과거의 지식은 지구 구형설로 수정되었으며, 기에는 형질이 없다는 과거의 지식은 형질이 있는 것으로 수정되었다. 하지만 지식의 변화는 지식의 변화로만으로 그치지 않는다. 시대에 따른 법과 제도를 수립하는데 활용됨으로써 문명의 변화를 이끌어 나간다. 그러므로 추측과 법과 제도 가운데 추측이 먼저이자 근본이며, 법과 제도는 나중이자 말단이라는 것이다.

19세기 당시의 혼란한 상황 속에서 도덕성의 강조만으로 사회질서를 회복하고 국가경쟁력을 갖추는 것은 불가능한 일이었다. 그럼에도 불구하고 주자학을 신봉하던 조선의 많은 학자들은 여전히 주희가 도덕적으로 해석한 경전의 뜻만을 고수하고 있었다. 최한기가 볼 때 이것은 성인이 지은 경전의 참 뜻이 아니었다. 경전에 담긴 성인의 참 뜻은 추측에 있었다. 이처럼 최한기의 성인에 대한 이해방식은 주자학과 차이가 있었으며, 이 차이는 인재상의 차이로 이어진다.

성인을 존경한다고 공자 시대의 법과 제도를 19세기에 그대로 가져올 수는 없는 노릇이다. 하지만 추측을 근본으로 삼아 법과 제도를 수립하는 것이 성인이라면, 19세기에도 역시 성인을 존경하고 본받을 수 있는 방법이 있다. 19세기 당시의 여러 변화 요소들과 문물을 추측하여 그것에 관한 지식을 획득하고, 이를 통해 시대에 적합한 법고 제도를 수립하는 것이 바로 그것이다. 그러므로 도덕성이 아닌 추측을 근본으로 삼는 최한기의 성인에 대한 이해방식에서는 넓게 익히기가 인재의 자격조건으로서 정당화된다.

최한기는 통섭형 인재가 되기 위해 넓게 익혀야할 지식의 종류를 다음의 17가지 조목으로 분류한다.

> 기를 추측하는 일에는 그 단서가 많지만 그 근본을 말하자면, 나의 추측을 통해 추측 대상인 기를 접하는 것이다. 그 일의 종류를 나열하면, 윤강(倫綱)과 인(仁)·의(義)와 예(禮)·악(樂)·형(刑)·정(政)과 경사(經史)와 기술(記述)과 사(士)·농(農)·공(工)·상(商)과 재용(財用)과 산수(算數)와 역상(曆象)과 기명(器皿)이다.[57]

이 17가지 조목들을 오늘날의 학문에 배속시킨다면, 윤강·인·의·경사·기술·예·악은 '인문학'에, 형·정·사·상은 '사회학'에, 기술·농·공·재용·산수·역상·기명은 '자연과학'의 범주에 속한다고 할 수 있다. 즉 기를 추측하는 행위 자체는 매번 동일하지만, 추측의 대상은 인문·사회·자연과학이라는 넓은 범위에 두루 속해있다는 것이다. 그러므로 이 모

---

[57] 최한기, 『신기통(神氣通)』 권1, 「체통(體通)」 '십칠조가통(十七條可通)'

든 것들을 추측을 통해 배우고 익힌 후에, 그 지식들을 활용해 수립된 법과 제도만이 당시의 혼란한 상황을 극복하고 국가 경쟁력을 갖출 수 있다고 최한기는 생각했던 것이다.

통섭의 시대로 불리는 오늘날의 사회에서는 하나의 분야에 국한된 전문가보다는 다양한 지식들을 넓게 익힌 인재가 경쟁력을 갖는다. 매일 같이 새로운 정보와 지식들이 쏟아져 나오고 있으며, 이에 따라 산업 환경·신제품·소비자의 기호·소비 패턴 등이 급속도로 변화하는 현실 속에서 여러 조직들의 생존전략은 하나의 전문성만을 고수하는데 있지 않다. 새로운 지식과 정보들을 통섭하여 시대의 흐름에 맞는 변화와 쇄신을 거쳐야만 진정한 경쟁력을 갖출 수 있다. 가령 수제 막걸리 하나만을 생산하는 소규모 회사라 할지라도, 시대에 맞는 제품 디자인·홍보 방법·생산 기술들을 통섭하여 변화와 쇄신을 거친 회사만이 수많은 막걸리 제조업체들 사이에서 경쟁력을 갖출 수 있는 것이다.

이처럼 통섭의 첫 번째 조건은 바로 넓게 익히기이다. 시시각각 변하는 제품 디자인·홍보 방법·생산 기술 등을 두루 넓게 익혀야만 비로소 통섭이 가능하기 때문이다. 그러므로 통섭의 시대에서 통섭형 인재가 갖춰야할 제일의 자격요건은 넓게 익히기이다.

2. 논리적 사고력 증진

통섭형 인재의 첫 번째 자격요건은 넓게 익히기이다. 그러나 새로운 정보와 지식이 매일같이 업데이트되는 현대사회에서 넓게 익히기가 결코 쉬운 것만은 아니다. 이런 점에서 통섭형 인재의 두 번째 자격요건인 '논리적 사고력 증진'은 넓게 익히기의 어려움을 완화시키는 방법으로서 매우 유용하다.

넓게 익히기의 어려움이 무엇인지를 먼저 살펴보면, 다음의 두 가지 특징으로 분류할 수 있다. 첫째, 다양한 분야들을 동시에 배워야하는 데서 발생하는 어려움이다. 대학에서 학문의 분야별로 전공을 구분해놓은 것은 각 분야마다의 고유한 특징과 체계가 존재하기 때문이다. 몇 가지 예를 들어보자면, 경영학은 기업의 이윤을 추구하는 학문이라는 점에서 현실적이며 실용적인 특징을 갖는다. 반면에 철학은 현실 너머의 원리를 사유하고, 삶의 방법이 아닌 방향을 추구한다는 점에서 사변적인 특징을 갖는다. 이처럼 경영학과 철학은 각기 실용성과 사변성이라는 학문의 본질적 성격에서부터 큰 차이를 갖는다. 그럼에도 만일 두 과목을 복수 전공하려고 한다면, 큰 어려움이 뒤따를 것이다. 더욱이 넓게 익히려는 학문의 범위가 세 과목, 네 과목으로 더욱 많아진다면, 그 어려움은 더욱 가중될 수밖에 없다. 이처럼 다양한 학문 분야들을 넓게 익히는 것은 결코 쉬운 일만은 아니다.

둘째, 지식 변화의 주기가 점점 짧아진다는 데서 발생하는 어려움이다. 잘 알다시피 지식 변화의 주기는 문명의 발달과 함께 점차 짧아져 왔으며, 현대사회에 이르러서는 그 속도가 가속화되고 있다. 얼마 전까지 최신의 정보였던 것이 어느새 구식 정보가 되어버리고 만다. 최신의 흐름에 맞게 지속적인 업데이트를 해야 하는 것이다. 이런 상황 속에서 넓게 익히기란 결코 쉬운 일만은 아니다.

이처럼 넓게 익히기에는 많은 어려움이 뒤따르지만, 그럼에도 이 어려움을 극복할 수 있는 유용한 방법이 있다. 그것이 바로 '논리적 사고력 기르기'이다.

인간의 사고방식에는 일정한 체계가 있는데, 그것을 '논리'라고 한다. 그리고 이러한 논리에 따라 사고하는 능력을 '논리적 사고력'이라고 부른다. '사과 3개와 2개를 더하면 5개가 된다'는 것은 누구나 알고 있는 사실이다. 산수를 배우지 않은 사람일지라도 이것을 알고 있다. 왜 그럴까? 모든 인간의 사고방식에는 '3+2=5'를 알 수 있는 논리체계가 내재하기 때문이다.

또한 어떤 사람이 '치와와'라는 종을 처음 봤을지라도, 단번에 그것이 고양이가 아니라 개라는 것을 안다. 왜 그럴까? 그것은 인간의 사고방식에 대상들의 공통점을 추출하여 그것을 개념화 할 수 있는 논리적 사고력이 존재하기 때문이다. 예전에 개를 보았던 사람들은 자기도 모르게 개들의 공통점을 추출하여, 개에 관한 개념을 갖게 된다. 그렇기에 치와와를 처음 보더라도 자기가 알던 개의 개념에 비추어서, 치와와도 개라는 것을 단번에 알아챌 수 있는 것이다.

이처럼 모든 인간에게는 공통된 논리적 사고력이 존재하고 있으며, 이 사고방식을 통해 지식을 습득하고 축적한다. 처음의 인류는 자신과 마주한 자연에 대해 어떠한 지식도 없었을 것이다. 그러다 차츰 자연에 대한 지식을 하나 둘 얻게 되고, 이러한 지식들을 축적하여 문명을 발달시킨다. 그리하여 산과 들에 아파트와 공장이 들어서고, 바다에서 자원을 채취하며, 광물의 화학 성분을 밝혀 활용하는 데도 모두 인간의 논리적 사고력이 사용된다.

이처럼 인간의 문명은 곧 논리적 사고력의 산물이라고 할 수 있다. 고양이가 산과 바다를 인식하고 이해하는 방식은 인간과 다르며, 소가 산과 바다를 인식하고 이해하는 방식도 인간과 다르다. 이처럼 인간과의 사고방식과 다르기에, 고양이와 소가 산과 바다를 활용하는 방식도 달라지고, 결국 인간의 문명과는 다른 자신들만의 삶의 방식을 갖게 된다. 인간의 지식 그리고 인간의 문명은 오직 인간의 사고방식, 즉 논리적 사고력을 통해 자연을 이해했기 때문에 발생한 것이다.

1962년에 출판된 토마스 쿤의 『과학혁명의 구조』는 논리적 사고력과 지식의 이러한 관련성을 잘 나타낸다. 이 책에서 쿤은 과학 지식은 자연에 대한 객관적 진리이기보다는, 인간 사유의 산물이라고 설명한다. 즉 자연에 대한 진리라고 여겨졌던 과학 지식이라는 것도 알고 보면 과학자들의 사유 속에서 이해된 자연이라는 점을 쿤은 밝히고 있다.

18세기에는 물질이 불에 타는 연소 과정을 '플로지스톤 이론'으로 이해했었다. 플로지스톤이란 모든 가연성 물질에 들어있는 특정 입자로서 물질이 연소될 때 빠져나가며, 그것이 완전히 빠져나가면 불이 꺼진다고 생각했다. 지금 우리의 과학적 상식으로 볼 때는 잘못된 지식이 아닐 수 없다. 그러나 플로지스톤 이론은 산소가 발견됨으로써 연소 과정에 관한 새로운 지식이 세워지기 전까지 근 반세기 동안을 과학적 진리로서 인정되어왔던 이론이다. 이처럼 과학 지식 또한 결국은 인간 사유의 산물이며, 과학의 발달이란 곧 인간 사유 속에서 이해된 자연의 발전이라 할 수 있다.[58]

비단 과학뿐만이 아니다. 모든 학문 분야가 인간 사유의 산물이다. 인문학은 인간에 관해·사회학은 사회에 관해·컴퓨터 공학은 소프트웨어에 관해·음악학은 음악에 관해, 모두 인간의 사고방식을 통해 탐구되고 체계화된 학문이다.

이처럼 모든 학문이 인간의 사고방식 속에서 이루어진다는 점에서 논리적 사고력과 넓게 익히기의 밀접한 관련성을 발견할 수 있다. 인문학·사회학·자연과학 등 학문의 분야가 아

---

[58] https://saass.fandom.com/wiki/Kuhn,_The_Structure_of_Scientific_Revolutions_(1962)

무리 다양할지라도, 그것을 탐구하고 체계화하는 주체는 모두 인간의 사유, 즉 논리적 사고력이다. 그러므로 모든 지식의 공통된 근거인 논리적 사고력을 증진시킨다면, 넓게 익히기의 어려움은 그 만큼 쉬워질 수밖에 없다.

그렇다면 논리적 사고력을 증진할 수 있는 방법은 무엇일까? 가장 효과적인 방법은 논리학을 배우는 것이다. 논리학이란 인간 사유의 논리적 법칙을 탐구하는 학문이다. 그러므로 논리학을 통해 우리의 논리적 사고력을 증진시킬 수 있다. 모든 인간에게는 공통된 논리적 사고력이 내재되어 있지만, 우리는 그것의 원리를 알지 못한다. 그렇기에 논리학을 통해 사유의 논리적 법칙을 배워 그것을 이해하고 연습한다면, 논리적 사고력을 충분히 증진시킬 수 있다.

최근 학문도 결국은 인간의 사고방식 속에서 정립된다는 점에 주목한 많은 대학들에서 논리적 사고력의 증진이 더욱 강조되고 있다. 다양한 종류의 학문을 배우는 공간으로서 대학의 특수성이 반영된 것이라 할 수 있다. 그 결과 많은 대학들에서 논리학을 대학의 교양과목으로서 개발하려는 시도들이 활발히 이루어지고 있다. 〈논리와 비판적 사고〉, 〈논리적 글쓰기〉, 〈논리와 추론〉 등이 그 대표적 예이다. 뿐만 아니라, 몇몇 대학들은 이러한 과목들을 핵심교양 혹은 필수교양으로 지정하여 학생들의 수강을 장려하기도 한다. 논리적 사고력이 학문을 위한 기초적 소양이라는 점이 널리 인정되고 있는 셈이다.

이처럼 인간이 수립한 모든 학문이 논리적 사고력에 기초해 있다는 점에 근거하여, 논리적 사고력의 중요성은 나날이 강조되고 있다. 그리고 이것은 곧 논리적 사고력의 증진이 다양한 학문을 넓게 익히는데 필수적이며 유용한 방법이라는 방증이라 할 수 있다. 통섭형 인재의 두 번째 자격요건이 논리적 사고력의 증진이 되는 이유를 짐작할 수 있는 대목이다.

21세기에 이르러서야 보편화되고 있는 논리적 사고력에 대한 이러한 인식이 19세기 후반 조선의 학자인 최한기에게 나타난다는 점은 실로 놀라운 일이 아닐 수 없다. 물론 최한기가 논리라는 용어를 직접적으로 사용한 적은 없다. 하지는 그의 저술의 곳곳에는 논리적 사고력의 증진과 부합하는 내용들이 나타난다.

19세기 후반의 조선에는 오늘날 우리가 사용하는 용어나 학문의 분과가 존재하지 않는 경우가 많았다. '논리학'은 말할 것도 없거니와 '논리', '논리적 사고'라는 용어 자체도 당시 조선에서는 사용하지 않았다. 최한기 역시 마찬가지이다. 하지만 그는 모든 지식이 인간의 사고체계 내에서 이루어진다는 사실을 분명히 인지하고 있었고, 그 결과 넓게 익히기를 위해 사고력의 증진이 무엇보다도 중요하다는 점을 강조하였다.

최한기에게서 논리적 사고력을 지칭하는 개념은 '추측'이다. 추측은 문자 그대로 '미루어 헤아린다'라는 뜻으로서, 풀

어쓰면 인체의 감각기관으로 지각한 정보를 미루어 헤아리고 판단한다는 의미이다. 대상에 대한 경험적·실증적 지식은 사실 모두 이와 같은 추측 작용을 통해 이루어진다. 인체의 눈·귀·코·입·손 등의 감각기관이 대상인 물체를 지각하여 정보를 얻고, 이것을 미루어 헤아려서 대상에 대한 지식을 습득하는 것이다. 이처럼 최한기에게 추측이란 대상에 대한 지식을 습득하는 인간의 사고방식을 나타내는 개념이다.

추측은 이처럼 오늘날의 논리적 사고력을 가리키며, 논리적 사고력 가운데서도 특히 '추론'과 직접적으로 대응된다. 추론이란 주어진 정보를 근거로 판단을 이끌어 내는 사고 작용으로서, 지식의 확립과 확장에 사용되는 사고방식이다. "물을 마시면 갈증이 해소된다."라는 지식의 수립과정을 살펴보자. 가장 먼저는 목이 마를 때마다 물을 마시고 갈증이 해소된 우리들의 경험이 있다. 다음으로는 이러한 정보를 근거로 앞으로도 목이 마르면 물을 마시면 될 것이라는 판단과 헤아림이 있다. 그러므로 물을 마시면 갈증이 해소된다는 지식에는 경험이라는 정보와 그것을 미루어 판단하는 추론의 과정이 순차적으로 사용된다.

독서를 통한 지식의 습득도 마찬가지이다. 책에 담긴 모든 주장과 설명에는 그 근거를 갖고 있다. 저자가 진화론을 주장하든지, 사랑이라는 감정에 대해 설명하든지, 윤리의 필요성을 주장하든지 간에 모두 다양한 근거를 통해 결론을 내리기 마련이다. 이러한 이유로 우리가 독서를 통해 지식을 습득할 때 추론의 과정을 거치게 된다. 저자의 주장과 그 근거의 논리적 관련성을 독자가 추론하게 되는데, 만일 논리적 관련성이 충분하면 지식으로 수용되고, 그렇지 않다면 지식으로서의 가치는 사라진다.

이처럼 추측과 추론은 주어진 정보를 미루고 판단함으로써 지식을 수립하는 논리적 사고력이라는 점에서 동일하다. 그러므로 최한기에게 논리적 사고력의 증진이란 곧 추측 능력의 증진을 가리킨다.

그렇다면 최한기가 추측 능력의 증진을 위해 파악한 효과적 방법이란 무엇일까? 그는 이 대답에 앞서, 논리적 사고력과 마찬가지로 추측 능력에도 개인 마다 타고난 우열의 차이가 존재한다는 점에서부터 논의를 시작한다.

> 하늘 땅 사람을 구성하는 기는 모두 한가지이나, 형질은 하늘과 땅과 사람이 각각 다르다. 그러므로 각각의 다른 형질들이 생긴 유래를 탐구함으로써 기의 특성도 형질에 따라 차이가 생긴다는 것을 통달하여야 한다.[59]

최한기 철학에서 만물의 근원은 '기'이다. 그리고 기가 응집하여 다양한 형질을 지닌 사물로 변화할 때, 변화한 사물에

---

[59] 최한기, 『신기통(神氣通)』 권1, 「체통(體通)」 '사일신기(四一神氣)'

따라 기는 다양한 특성을 갖게 된다. 인간이라는 형질의 기에서는 추측의 특성이, 식물이라는 형질의 기에서는 꽃 피고 열매 맺는 특성을 갖는 등이 바로 그것이다.

인간 종의 형질을 구성하는 기가 추측이라는 특성을 갖는다는 것은 모든 인간의 보편적 역량이 곧 추측이라는 말과 같다. 그럼에도 각자마다 타고난 추측 역량의 우열이 존재하는 것은 무엇 때문일까?

> 사람이라는 형질에서의 기는 추측 기능이 된다. 이 기를 생성하는 요소는 네 가지이니, 첫째는 하늘이요, 둘째는 토질(땅)이요, 셋째는 부모의 정혈이요, 넷째는 추측을 통한 지식의 축적이다. 앞의 세 조목은 이미 주어진 것이므로 소급하여 고칠 수 없으나, 마지막의 한 조목은 실로 고칠 수 있는 것이다.[60]

추측 역량을 결정짓는 요소는 '하늘·토질(땅)·부모의 정혈·추측을 통한 지식의 축적' 네 가지라고 최한기는 말한다. 그리고 이 네 가지 요소는 사람마다 다르기에 추측의 역량 또한 달라진다는 설명이다.

기로부터 다양한 사물들이 발생하는 과정은 다소 복잡하다. 이를 단순화하면, 가장 먼저는 기로부터 하늘과 땅이 생성되

---

[60] 최한기, 『신기통(神氣通)』권1, 「체통(體通)」 '사일신기(四一神氣)'

고, 다시 하늘과 땅이라는 시공간 속에서 인간을 포함한 다양한 생물들이 기의 응집을 통해 생성된다고 그는 말한다. 그러므로 인간이란 자신이 태어난 지역의 하늘과 땅에 영향을 받는 존재이다. 한국인의 외형과 성격 등은 한국 지역의 하늘과 땅의 영향 때문이고, 유럽인과 아프리카인이 서로 다른 것도 각자가 속한 지역의 하늘과 땅의 영향 때문이라는 것이다. 그 결과 추측 역량 역시 하늘과 땅의 영향을 받게 된다.

이처럼 추측은 가장 먼저 하늘과 땅의 영향을 받고, 다음으로는 부모의 정혈에 영향을 받는다. 여기서 '정혈(精血)'은 오늘날의 유전자에 해당한다. 인간의 키, 외모, 지능 등의 일정 부분이 부모의 유전자로부터 결정되는 것처럼, 추측 능력 또한 그러하다.

하늘과 땅, 그리고 부모의 정혈은 내가 태어나기 이전에 나의 추측 능력을 결정하는 요소이다. 그러므로 이로 인해 타고난 각자의 추측 능력은 우리가 바꿀 수 없다. 그렇다면 추측 능력은 증진할 수 없는 것일까? 그렇지 않다. 논리적 사고력과 마찬가지로 추측 능력도 후천적인 노력을 통해 증진할 수 있다. 그리고 그 방법은 바로 추측 능력에 영향을 주는 마지막 요소, 즉 '추측을 통한 지식의 축적'이라고 최한기는 주장한다.

'추측을 통한 지식의 축적'이란 추측 행위가 증가함에 따라 내게 축적된 지식의 양 또한 증가하는 것을 말한다. 추측이 지식을 습득하는 사고 작용이기에, 추측의 양이 많아질수록 습득한 지식의 양 또한 많아지는 것은 당연하기 때문이다. 그러므로 추측 능력의 증진이 '추측을 통한 지식의 축적'에 달려 있다는 말은, 곧 추측 행위의 반복이 추측 능력을 증진시키는 핵심적 방법이라는 것을 나타낸다.

추측을 통해 사물에 대한 지식을 습득하는 과정을 세분화하면 '지각→가설→검증→수정'으로 분류된다. 여기서 지각은 대상에 대한 감각자료를 얻는 '추'에 해당하며, 가설은 감각자료를 미루고 헤아려서 지식을 수립하는 '측'에 해당한다. 다음으로 '검증'은 가설의 타당성을 확인하는 것이며, '수정'은 검증의 결과에 따라 가설을 수정하여 지식을 확증하는 것이다.

이처럼 추측은 미루어 헤아려서 지식을 수립하는 작용이지만, 그 작용을 세분화하면 검증과 수정이 그 안에 포함된다. 물론 검증과 수정이 처음 지식을 수립하는 데는 사용되지 않는다. 하지만 처음의 지식에 대한 확실성을 추구하는 데는 유용한 것임에는 틀림없다.

먼저는 추측을 통해 자연을 궁구하며, 다음으로는 추측을 통해 얻은 자연에 관한 지식을 다시 자연에서 검증하는 것이다.[61]

---

[61] 최한기, 『추측록(推測錄)』 권2, 「추기측리(推氣測理)」 '유행리추측리(流行理推測理)'

자연이 검증의 기준이 되면 추측이 어긋나지 않게 된다.[62]

검증에서 가장 중요한 사항은 추측 대상을 검증에 활용한다는 점이다. 예를 들어 바다의 고래를 추측하여 "고래는 다른 어류와 마찬가지로 아가미 호흡을 한다."라고 가설을 세웠다고 가정해보자. 이 가설을 검증하는 방법은 고래를 해부하거나 지속적으로 관찰하는 등, 고래를 통해서 처음 가설의 타당성 여부를 확인하는 것이다. 고래에 대한 가설이기 때문에 고래를 통해 검증되어야만 한다는 것이다. 검증 후에 수정은 오류 발생 시 그것을 수정함으로써 지식을 최종적으로 확증하는 것을 말한다. 고래의 경우는 검증 후 "고래는 아가미가 아닌 폐로 호흡한다."로 수정될 것이다.

이러한 검증과 수정의 과정은 특별히 추측 능력의 증진과 밀접하게 관련되어 있다. 앞서 '추측을 통한 지식의 축적'이 추측 능력을 증진시킬 수 있는 방법이라고 한 최한기의 주장도 사실 검증과 수정을 지칭한 것이라 할 수 있다.

검증과 수정은 처음의 지식, 즉 가설을 세울 때 사용되었던 추측 능력을 점검하는 역할을 한다. 즉 가설의 검증 시 오류가 없다면 처음의 추측이 옳았다는 것이며, 오류가 있다면 처

[62] 최한기, 『추측록(推測錄)』 권1, 「추측제강(推測提綱)」 '추측호용(推測互用)'

음의 추측이 틀렸다는 것이다. 분명 이러한 점검은 추측 능력의 상승을 가져온다. 뿐만 아니라, 검증 시 오류를 발견할 때마다 추측 능력의 부족한 부분이 무엇인지를 확인할 수 있고, 지속된 검증으로 그 부분을 보완할 수도 있다.

이처럼 검증과 수정은 추측 능력을 증진시키는 핵심적인 방법이다. 또한 추측의 횟수가 증가할수록, 검증과 수정의 횟수 또한 증감한다. 추측을 많이 사용하여 지식이 축적될수록 검증과 수정의 횟수도 그만큼 증가하여, 결국 추측 능력이 증진된다는 것이다. 이것이 바로 '추측을 통한 지식의 축적이 추측 역량을 증진시키는 방법'이라는 최한기 주장의 의미이다.

물론 최한기가 주장한 이러한 추측 능력의 증진 방법을 오늘날의 논리적 사고력 증진 프로그램이나 논리학 교육과정 등과 비교해 본다면, 지극히 단순한 방법이 아닐 수 없다. 하지만 최한기가 19세기 조선의 학자였다는 점을 고려한다면, 논리적 사고력과 대응되는 추측의 중요성을 인지하고 그것을 증진하기 위한 방법을 모색했다는 것은 분명 놀라운 일이 아닐 수 없다.

모든 지식은 인간의 사고법칙 속에서 수립되고 체계화된다. 그러므로 추측 역량의 증진, 즉 논리적 사고력의 증진은 넓게 익히기를 위한 유용한 수단이 될 수 있다. 바로 이 점이 최한기 통섭형 인재의 두 번째 자격요건이 논리적 사고력의 증진인 이유이다.

3. 소통의 확대

최한기 통섭형 인재의 세 번째 자격조건은 '소통의 확대'이다. 본래 소통이란 포괄적 의미로 쓰이는 개념인데, 여기서는 타인과의 대화를 통해 정보와 지식 등을 상호 교류하는 '의사소통'의 의미만을 소통으로 사용한다. 최한기가 소통, 즉 의사소통을 강조한 중요한 이유 중 하나는 당시 한역서학서를 통해 유입된 서양 학문이 한 사람이 습득하기 어려운 방대한 양이었다는데 있다.

17세기부터 유입되기 시작된 한역서학서는 시간이 지남에 따라 점차 그 양과 범위가 확대되고 있었다. 한역서학서에 실린 서양 학문들을 두루 섭력하여 동서 학문의 통섭을 시도한 그에게 이러한 지식들은 하나도 빠트릴 수 없는 중요한 것이었지만, 늘어나는 지식의 방대함은 큰 고심거리가 아닐 수 없었다. 논리적 사고력의 증진을 통해 넓게 익히기의 효율성을 높일 수 있었지만, 그 방대함은 한 사람이 감당할 수 있는 수준이 아니었던 것이다. 소통의 확대는 바로 이러한 어려움을 극복하기 위한 방안으로서 고안된 것이다.

> 기는 원래 우주 전체를 하나의 몸으로 삼지만, 각 사람의 기는 형질을 지닌 육체에 국한되어있다. …… 그러므로 타인과의 소통을 통해 지식의 범위를 점차 확대해나간다면,

형질의 기에 국한된 한 사람일지라도 우주 전체의 기를 알 기에 부족함이 없게 될 것이다.[63]

기는 우주 속의 다양한 사물들을 생성한다는 점에서 우주 전체를 한 몸으로 삼는다. 그러므로 기를 안다는 것은 기가 생성한 다양한 사물들에 관한 지식을 모두 통달할 때만이 가능하다. 물론 이러한 목표는 한 개인이 도달하기에는 불가능하다. 하지만 소통을 통해 서로간의 지식을 교류하여 그 범위를 넓혀가다 보면, 언젠가는 분명 인간에 의해 우주 전체에 대한 지식이 통달될 수 있을 것이라고 최한기는 말한다.

이러한 미래의 청사진에 대한 평가는 각자 다를 것이다. 하지만 여기서 중요한 것은 미래의 일이 아니라, 소통을 통해 개인이 익힐 수 있는 지식의 범위를 분명히 확대할 수 있다는 점이다. 그리고 바로 이 점이 통섭형 인재를 준비하는 우리에게 필요하다.

오늘날 지식의 통섭은 방대한 지식의 양으로 인해 한 사람이 결코 홀로 실행할 수 없는 수준에 이르렀다. 통섭에 가장 많은 관심을 쏟고 있는 기업들의 경우를 살펴보더라도, 기업 운영에 필요한 지식의 양은 헤아릴 수 없을 만큼이나 많다. 상품의 제조과정·상품의 원재료 선택·해외 원자재 가격의

---

[63] 최한기, 『신기통(神氣通)』 권1, 「체통(體通)」 '통천하위일체(通天下爲一體)'

변동·경쟁사의 신제품 정보·소비자들의 소비패턴·상품 디자인·신제품 개발 등등, 기업에 요구되는 지식은 결코 한 사람이 감당할 수 있는 수준이 아니다. 최한기가 통섭을 위해 소통의 필요성을 주장한 것처럼 오늘날에도 소통의 필요성은 여전히 유효하다는 것이다.

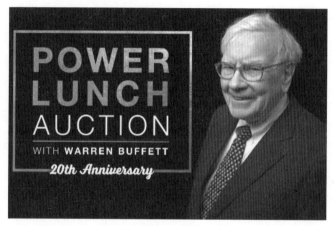

〈사진 12〉[64]

최근 소통의 필요성은 그 어느 때보다도 강조되고 있다. 우리는 그 단적인 예를 워렌 버핏의 점심 경매를 통해 살펴볼 수 있다. 전설적인 투자자로 알려진 워렌 버핏은 지난 20여 년간 자신과의 점심식사를 경매에 붙여 낙찰된 금액을 기부해

---

64 https://www.glide.org/events/buffett/

왔다. 그렇다면 그와의 한 끼 식사로 낙찰된 경매 금액은 과연 얼마일까? 2017년에는 한 기업가가 54억 원이라는 거액을 지불하고 점심 경매를 낙찰 받았다고 한다.

만일 버핏과의 점심이 단순히 유명인사와의 식사만을 의미한다면, 그 누구도 54억 원이라는 거금을 선뜻 내놓지 않을 것이다. 그렇다면 54억 원의 가치는 어디에 있는가? 그것은 바로 버핏과의 짧은 시간의 소통을 통해 얻을 수 있는 정보의 가치이다. 투자의 귀재인 버핏에게 얻을 수 있는 정보는 오직 버핏에게만 들을 수 있는 정보이다. 그러므로 54억 원이라는 거금은 버핏과의 소통을 통해서만 얻을 수 있는 지식과 정보의 가치라 할 수 있다.

앞서 우리는 통섭형 인재의 첫 번째 자격요건이 넓게 익히기라는 것을 살펴보았다. 통섭에 있어 넓게 익히는 것이 그 무엇보다 중요하다는 점을 반영한 것이다. 두 번째 자격요건은 논리적 사고력 증진이다. 모든 학문에 공통적으로 사용되는 인간의 사고방식이 논리적 사고력이기에, 논리적 사고력의 증진을 통해 넓게 익히기의 어려움을 극복할 수 있다는 것이다. 하지만 문제는 논리적 사고력의 증진이 개인의 차원에서만 효과를 발휘한다는 점이다.

기업 등의 조직 차원에서 필요한 지식의 양을 고려한다면, 개인 차원에서의 효과만으로는 부족할 수밖에 없다. 이 때 필요한 것이 바로 소통이다. 소통은 타인과의 지식과 정보의 교류를 통해 개인적 차원에서 얻을 수 있는 정보와 지식의 한계를 극복할 수 있게 하는 유일한 수단이라 할 수 있다. 이것이 통섭의 시대로 불리는 21세기에 특별히 소통이 강조되는 이유이다.

21세기에 들어 기업에서는 직무별 전문성에 기초한 '분업' 보다는 다양한 지식의 소통을 통해 문제를 해결해가는 '협업' 이 강조되고 있다. 분업 체계에서는 직무에 따라 분류된 업무를 각자가 잘 수행하면 된다. 마치 자동차 공장의 차량 도색 부서에서는 도색의 일만, 타이어를 조립하는 부서에서는 타이어 조립만을 잘 수행하면 되는 것처럼 말이다.

반면에 협업은 여러 부서들의 협력을 통해 일을 처리한다는 점에서, 다양한 지식을 가진 구성원들 간의 소통이 무엇보다 중요시된다. 이러한 협업의 특징은 통섭과도 일맥상통하는 바가 있다. 통섭이 다양한 지식과 정보들을 종합하여 새로운 하나의 의사결정에 이르는 것처럼 협업 또한 각 부서들의 전문 지식들을 하나의 의사결정에 통섭하는 과정이라 할 수 있기 때문이다. 이런 점에서 본다면, 통섭의 시대에 협업이 강조 현상은 당연한 결과라 할 수 있다.

기업이나 공공기관 등의 조직에서 나타난 운영방식의 변화는 통섭과 협업의 관련성을 보다 자세히 보여준다. 과거에는 한 사람 혹은 소수의 리더(Leader)가 모든 권한을 쥐고 지시와 통제를 통해 조직을 운영했다면, 오늘날에는 소통에 기초한 협업을 통해 각 구성원들의 역량을 조직 전체 차원으로 연결시키는 운영방식으로 변화하고 있다.

조직 운영방식의 이러한 변화를 보여주는 대표적 지표가 기업 회의 시간의 폭발적 증가이다. 소통에 기초한 협업의 중요성이 높아지면서 회의 빈도와 회의 시간이 대폭 늘어나고 있는 것이다. 이에 관한 미국의 조사 자료를 보면, 미국의 전체 기업들에서는 하루 평균 1,100만개의 회의가 열리며, 그 결과 직장인들은 월 평균 62회의 회의를 참석한다고 한다.[65] 과거와는 비교할 수 없을 만큼 늘어난 수치이다.

이처럼 회의 시간을 늘려 조직 내부의 소통을 늘리고는 있지만, 여전히 문제는 존재한다. 회의시간의 대부분을 권위적 리더들의 일방적 지시와 발언이 차지하는 것이 그 주된 이유이다. 조직 구성원들 간의 원활한 소통과 이에 기초한 협업의 필요성이 회의 시간의 증가를 가져왔지만, 정작 회의 운영방식은 여전히 권위적인 과거 방식을 따르고 있는 것이다. 조직 구성원들의 회의에 대한 만족도가 매우 낮게 측정되는 것은 당연한 결과이다.

이러한 문제를 해결하고 회의 내에서의 소통의 확대를 촉진시키기 위하여 최근 새로운 소통의 기술이 개발되어 유행하고 있다. 소위 '퍼실리테이션(facilitation)'이라고 불리는 것이 바

---

[65] 김종남, 『회의없는 조직』, 플랜비디자인, 2016, 18-19쪽

로 그것이다.

〈사진 13〉[66]

최근 퍼실리테이션이라는 새로운 소통의 기술을 회의에 도입한 미국의 우수한 글로벌 기업들이 우수한 성과를 내면서, 국내 기업들도 벤치마킹을 통해 퍼실리테이션을 도입하고 있는 추세이다. 그리고 이러한 추세에 발맞추어 퍼실리테이션을 전문적으로 교육하는 단체들도 여러 곳 설립되고 있다.

퍼실리테이션이란 '촉진시키다'의 의미를 가진 '퍼실(facile)'을 명사화한 개념이며, 촉진시키고자 하는 대상은 바로 상호 간의 소통이다. 이런 점에서 퍼실리테이션을 한마디로 '회의 참석자들의 소통을 촉진시킬 수 있는 기술'이라고 정의할 수

---

[66] https://masterfulfacilitation.com/coursedetail.php?menuid=the-inspired-facilitator

있을 것이다. 그리고 이 기술의 전문가를 '퍼실리테이터(facilitator)'라는 명칭으로 부른다.[67]

기업에서 이루어지는 주요 회의에서는 소통이 필요한 주제들이 안건으로 제시된다. 기업의 비전과 전략 수립·핵심가치 발굴 및 실행·업무 효율화와 생산성 향상·고객 서비스 향상·부서 간 갈등해결 등의 안건들은 모두 여러 부서들의 소통을 통해서만 의사결정에 도달할 수 있는 것들이다. 또한 의사결정 후 그것을 실행할 때도 여러 부서들의 소통과 협력이 뒤따른다. 그러므로 기업 전체의 효율성과 구성원들의 만족도를 높이기 위해서는 무엇보다도 회의 내에서의 원활한 소통이 중요하다. 이러한 점을 고려하여 여러 기업들에서는 전문 퍼실리테이터를 고용하여 회의 진행을 위탁하기도 하며, 때로는 기업 구성원들에게 퍼실리테이션 교육과정을 밟게 하여 회의의 퍼실리테이터 역할을 맡기기도 한다. 소통의 필요성을 절감한 현 기업들의 실태라 할 수 있다.

이처럼 협업이 중시되는 통섭의 시대에는 소통의 중요성이 강조된다. 비록 최한기가 퍼실리테이터와 같은 소통 전문가를 언급하지는 않았지만, 통섭형 인재의 세 번째 자격요건을 소통의 확대로 둔 것은 놀라운 일이 아닐 수 없다.

최한기가 강조한 소통의 기술은 크게 두 가지로 분류할 수

---

[67] https://masterfulfacilitation.com/coursedetail.php?menuid=the-inspired-facilitator

있다. 첫째는 서로가 서로의 말을 완전히 이해할 때 까지 충분한 시간을 두고 소통해야 된다는 것이며, 둘째는 타인의 말에 대한 경청의 중요성이다.

충분한 시간을 두고 완전한 소통을 해야 한다는 첫 번째 기술은 기 개념을 통해 소통을 정당화하는 부분에서 잘 나타난다. 최한기는 기와 기는 서로 침투하고 교감한다고 여겨졌던 전통의 기에 대한 인식을 근거로 들어, 기로 구성된 인간과 인간 사이에서의 소통은 본질적인 것이라고 주장한다. 만물의 근원인 기의 특성을 토대로 인간 간의 소통을 정당화한 것이다.

> 천하에 소통이 가능한 일은 많지만, 소통의 근본을 말하
> 자면 나의 기가 상대방의 기에 통하며, 상대방의 기가 나의
> 기에 도달하는 것이다.[68]

타인과의 대화에서 우리는 말과 언어를 매개로 상대방의 감정과 지식을 전달받는다. 이것을 최한기의 기학으로 다시 풀어쓰면, 기가 서로 통하는 성질을 갖고 있기에 기로 구성된 말은 감정과 지식의 교감과 전달을 가능하게 한다는 것이다.

기로 구성된 사물은 말에 그치지 않는다. 인간을 포함한 우주 안의 모든 사물이 기로 구성되었다는 점을 고려한다면, 인간과 소통할 수 있는 대상의 외연은 더욱 확대된다. 인간과

---

[68] 최한기, 『신기통(神氣通)』 권1, 「체통(體通)」 '십칠조가통(十七條可通)'

인간, 그리고 인간과 사물이 모두 소통할 수 있다는 구조가 성립되는 것이다.

이러한 기의 소통을 다른 말로 한 것이 바로 추측이다. 추측이란 인간이라는 형질에 부여된 기의 기능이며, 추측의 대상은 기로 이루어진 사물이다. 그러므로 추측의 주체와 대상이 모두 기라는 점에서 추측은 곧 기의 소통이며, 기의 소통은 서로 간의 지식과 정보를 전달하는 수단이듯이 추측 역시 그러하다.

> 인간에게는 이미 사물과 통하는 기가 있고, 또 통할 수 있는 감각기관이 있다. 그리고 인간의 외부에는 사물이 있어 각각 그 기를 드러내고 있다.[69]

> 기가 사물을 구성할 때 각각의 형질을 갖게 한다. 그리하여 형질의 빛은 인간의 눈과 통하고, 소리는 귀와 통하고, 맛과 냄새는 입과 코에 통하니, 이것이 바로 '형질의 통'이다. 이 '형질의 통'을 따라 '추측의 통'이 생기는 것이다.[70]

추측은 인체 감각기관의 지각작용인 '추'와 이에 대한 판단

---

[69] 최한기, 『신기통(神氣通)』 권1, 「체통(體通)」 '통유원위(通有源委)'

[70] 최한기, 『신기통(神氣通)』 권1, 「체통(體通)」 '통지소지급형질통추측통(通之所止及形質通推測通)'

작용인 '측', 두 부분으로 이루어진다. 그리고 이 두 부분 모두 기가 통하는 것과 그 원리가 같다. 즉 추측의 '추'에 속하는 것이 '형질의 통'이며, 추측의 '측'에 해당하는 것이 '추측의 통'이라는 것이다.

먼저 형질의 통은 형질의 기가 나타내는 사물의 모양·형태·크기·색·냄새 등과 인체의 감각기관을 구성하는 기와의 통함을 말하는데, 이것이 바로 추에 속한다. 다음으로 추측의 통은 형질의 통을 통해 얻은 정보를 추측의 기가 헤아리고 판단하여 하나의 지식으로 수립하는 것으로서, 측에 해당한다.

최한기 기학에서는 이처럼 기가 서로 통하는 성질을 통해 소통을 설명하며, 이 소통은 바로 추측과 같다. 그리하여 소통의 과정은 곧 추측의 과정이며, 소통의 기술은 곧 추측의 기술과도 같다.

앞서 살펴보았듯이, 추측의 과정을 세분화하면 지각→가설→검증→수정의 순서로 구성된다. 이 가운데 검증의 단계에서는 특히나 많은 시간이 소요된다. 처음 세웠던 가설의 옳고 그름을 사물을 통해 검증하는 데는 오랜 시간의 비교와 관찰을 수반해야하기 때문이다. 추측의 이러한 특징은 소통에도 동일하게 적용된다. 그렇기에 '충분한 시간을 두고 완전한 소통을 해야 한다'는 소통의 첫 번째 기술은 추측으로부터 도출된 것이라 할 수 있다.

만일 회의에서 겉으로는 분명 서로간의 소통이 진행된 것처럼 보인다 할지라도, 서로가 서로의 의견을 제대로 이해하지 못했다면 실제로는 소통이 이루어지지 않은 것과 같다. 결국 의사결정 단계에서는 서로간의 갈등은 심화되어 표출되고 말 것이다. 오랜 시간의 회의가 무의미한 일이 되고 만다. 그러므로 서로간의 표면적인 의견 진술과 교환만을 소통으로 치부해서는 안 된다. 서로가 서로의 말을 확실히 이해했는지 확인하고 질문하는 등의 검증 절차가 충분히 이루어져야 한다. 추측에서 처음의 가설을 검증하듯이, 소통에서도 내가 처음에 이해한 바를 그 말을 한 상대방을 통해 검증해야 하는 것이다. 그 과정에 비록 오랜 시간이 소요되더라도 소통에 있어서는 필수적인 일이 아닐 수 없다.

　대부분의 회의에서는 서로 다른 부서와 직책을 가진 다양한 조직 구성원들이 참석하며, 그렇기에 그들이 가진 지식과 정보, 견해와 아이디어들도 매우 다르다. 이 때 중요한 것이 바로 충분한 시간을 두고 소통을 하는 것이다. 다양한 참석자들의 각기 다른 지식과 견해를 의사결정에 반영하여 보다 높은 효율을 내기 위해서는 충분한 시간을 거친 소통이 요구된다.

　최한기가 강조한 소통의 기술 두 번째는 경청의 중요성이다. 경청의 표면적 의미는 상대방의 말에 귀를 기울여 듣는 것이지만, 그 이면에는 말의 내용 뿐 아니라 화자의 동기와 감정까지도 포괄적으로 이해하는 것을 말한다. 사실 이러한 경청이 소통의 기술이라고 굳이 지칭될 만큼 특별한 것은 아닐 수 있다. 소통을 위해서 상대방의 말에 경청해야 하는 것은 누구나 공감하는 상식적인 일이니 말이다. 하지만 최한기가 통섭형 인재의 자격요건 중 하나를 소통으로 규정한 근본 이유를 고려한다면, 소통에 있어 경청의 중요성은 아무리 강조해도 지나치지 않는다.

최한기가 통섭에서 소통을 강조한 근본적 이유는 소통이야말로 내가 가진 지식의 한계를 타인의 지식을 통해 극복하게 하는 유용한 수단이기 때문이다. 새로운 지식과 정보가 끊임없이 쏟아져 나오는 상황 속에서, 소통은 보다 많은 지식을 습득하게 하는 유용한 수단으로서 종합적 의사결정에 효율성을 제공한다. 의사결정과 해결책을 모색하는데 우수한 기업이 보다 경쟁력 있는 기업이 되는 것은 당연한 일이 아니겠는가! 이처럼 소통이 기업의 성과를 결정하는 중요한 요인 중 하나라면, 상대방의 지식과 정보를 대하는 태도 역시 달라져야 한다. 이것이 바로 소통에서 경청이 중요한 이유이다.

최한기가 소통에서 경청의 중요성을 강조한 것도 바로 이와 같다.

보고 듣고 추측하여 익힌 지식은 모든 사람이 다 다르다. 남이 아는 것을 내가 모르는 경우도 있고, 내가 아는 것을 남이 모르는 경우도 있다. 그러므로 마땅히 남이 아는 것을

거둬 모으고, 내가 아는 것을 알려서 서로 간에 소통을 완성하도록 해야 한다.[71]

남의 일에 무지한 사람은 반드시 자기의 일은 자랑하되 남의 일은 비방한다. 타인에 대해 무지한 사람은 반드시 자기의 집안만을 칭송하고 남의 집안은 비방한다. 타국의 문화에 대해 무지한 사람은 반드시 자국의 문화만 찬양하고 타국의 문화는 추하게 여긴다. …… 그러므로 나와 타인이 서로 소통하여 바른 앎을 얻으면, 서로 어울릴 수 있는 질서가 확립될 수 있는 것이다.[72]

최한기 당시에는 서양 학문의 유입과 내부 사정의 급격한 변화로 인해 국가 운영에 필요한 지식의 양이 급격히 늘어난 상태였다. 이러한 상황 속에서 그는 서로 간의 소통을 통해 어려움을 극복하고자 했다. 그리고 이는 곧 소통을 통해 얻을 수 있는 타인의 지식과 정보를 중시했다는 것을 의미한다. 그렇기에 그는 자기 혼자만의 앎이 전부라는 독단적 사고를 극히 경계하는 동시에, 타인의 지식과 정보가 주는 유익을 극도로 강조했던 것이다.

오늘날의 통섭 현상은 소통의 강조와 맞물려 협업의 확대

---

71 최한기, 『신기통(神氣通)』 권, 「체통(體通)」 '통인아지통(通人我之通)'

72 최한기, 『신기통(神氣通)』 권, 「체통(體通)」 '통유대소원근(通有大小遠近)'

를 가져왔다. 이러한 추세는 최근 기업들의 신입사원 면접에 소통능력을 평가할 수 있는 집단토론이 중요한 평가 항목으로 자리 잡게 하는 결과를 낳았다. 서로 간의 지식과 정보가 소통을 통해 조직 차원으로 연결되어야만 시장에서 경쟁력의 우위를 점할 수 있다는 판단이다. 이러한 점을 고려한다면 집단토론에 있어 주의할 첫 번째 사항이 바로 경청의 자세라는 것을 알 수 있다.

나의 주장만을 관철시키려는 일방적 태도는 소통이 강조되는 통섭의 시대에서는 환영받을 수 없다. 소통의 가장 큰 목적 중 하나가 조직 구성원들이 가진 다양한 아이디어와 지식들을 하나로 통섭하기 위함이라는 점을 고려한다면, 경청의 자세가 우선적으로 요구된다는 점을 유념해야 할 것이다.

최한기는 통섭형 인재의 세 번째 자격요건으로서 소통의 확대를 들었다. 아울러 소통의 확대를 위한 기술로서는 충분한 시간을 들여 소통의 완전성을 추구하는 것과 경청의 중요성을 주장하였다. 이 두 가지 기술은 소통의 확대를 가져오는 유용한 수단으로서 통섭의 시대라 일컬어지는 현대사회에서도 여전히 통용될 수 있는 방법이라는 점에서 의의를 가진다.

4. 종합적 사고력 기르기

최한기 철학에서 나타난 통섭형 인재의 네 번째 자격조건은 '종합적 사고력 기르기'이다. 종합적 사고력이란 넓은 의미로 사용되는 추상적 개념에 속한다. 그리하여 먼저 그 개념의 의미를 보다 명료하게 파악하는 것이 필요하며, 이를 위해 현재 종합적 사고력이란 용어를 가장 많이 사용하는 교육계에서의 용례를 살펴보기로 하자.

교육계에서는 학생들의 종합적 사고력을 기르는 것을 교육의 중요한 과제 중 하나로 삼고 있다. 그 대표적 사례가 바로수능 시험이다. 1994년 대학입학 시험이 '학력고사'에서 '수능'으로 교체되었는데, 그 배경에는 종합적 사고력이 중요한요소로서 자리 잡고 있다. 학력고사에서는 단순 암기 위주의문제가 큰 비중을 차지하고 있었다. 그러던 중 지식의 단순기억보다 여러 지식들을 종합해서 문제를 푸는 능력, 이른바종합적 사고력이 더욱 중요하다는 인식의 변화가 생겼다. 교육계에서의 이러한 인식의 변화가 학력고사에서 수능으로의교체의 중요한 배경이었던 것이다. 수능에서는 여러 지식들을종합해야 풀 수 있는 문제들이 많이 출제되는 것도 바로 이때문이다.

수능은 '대학수학능력시험(大學修學能力試驗, College Scholastic Ability Test)'의 줄임말로서, '대학에서 공부할 수 있는 역량을 시험하는 것'이라는 의미이다. 그러므로 수능에서 단순 암기보다 종합적 사고력을 평가하는 문제 비중이 증가했다는 점은, 곧 대학에서 학생들에게 요구하는 학문적 역량 역시 단순 암기가 아닌 종합적 사고력에 있다는 것을 나타낸다.

그렇다면 대학에서 요구하는 종합적 사고력이란 과연 무엇을 가리킬까? 그것을 한 마디로 요약한다면, '문제 해결을 위해 여러 지식들을 종합하여 사고할 수 있는 역량'이라고 칭할 수 있다. 그리고 이러한 종합적 사고력의 의미가 통섭과 깊은 관련성을 지닌다는 점은 매우 중요하다.

앞서 우리는 통섭을 '다양한 정보와 지식들을 습득하고 이를 융합하여 새로운 하나로 만드는 것'이라고 정의한 바 있다. 이 정의를 세분화하면 '다양한 정보와 지식의 습득'이라는 앞부분과 '융합하여 새로운 하나로 만듦'이라는 뒷부분으로 나눌 수 있는데, 이 중 뒷부분이 바로 종합적 사고력의 개념과 일맥상통한다. 다시 말해 통섭의 뒷부분인 다양한 정보와 지식들을 융합하여 하나로 만드는 것이 현 교육계에서 말하는 종합적 사고력의 의미와 맞닿아 있다는 것이다.

가령 어떤 기업에서 신상품의 디자인을 결정하기 위해 회의를 진행한다고 하자. 이때 회의에서 가장 먼저 하는 일은 신상품의 디자인에 관한 여러 아이디어들을 내는 것이다. 그 후에 제출된 아이디어들을 모아서 제품의 디자인을 결정하는데, 이 때 행해지는 것이 바로 통섭이다. 아이디어들은 대부분은 채색, 문구, 그림 등등의 단편적인 것들이기에, 이러한 단편적인 아이디어들을 전체 디자인으로 융합하는 의사결정 단계에서는 통섭 역량이 요구될 수밖에 없다. 그리고 이때의 통섭 역량은 통섭의 뒷부분에 해당한다. 아이디어들을 모으는 단계가 통섭의 앞부분에 해당하며, 모인 아이디어들을 전체 디자인으로 융합하는 것이 통섭의 뒷부분에 해당하는 것이다. 그러므로 통섭의 앞부분과 뒷부분이 결합하여 통섭의 전체 과정을 완성한다는 것을 알 수 있다.

이처럼 통섭의 전체 과정에서 통섭의 뒷부분이 종합적 사고력과 맞닿아 있다는 것은, 통섭을 위해 요구되는 마지막 역량이 바로 종합적 사고력이라는 것을 말한다. 여러 아이디어들을 제품의 전체 디자인으로 융합할 때 필요한 사고력은 암기나 논리적 이해력과는 거리가 멀다. 이미 아이디어들은 수집된 상태며, 현재 필요한 것은 그것들을 융합하여 최종 디자인을 결정하는 일이다. 디자인의 전체 채색에는 어떤 아이디어를 선택할 것이며, 이 채색과 어울리는 문구나 그림 등은 어떤 것을 선택할지 등을 결정하는 것은 종합적 의사결정에 속한다. 종합적 사고력이 요구되는 것이다.

이처럼 종합적 사고력이 통섭의 뒷부분과 관련된다면, '다양한 정보와 지식의 습득'이라는 통섭의 앞부분에 해당하는 것은 무엇일까? 그것은 바로 앞에서 언급한 통섭형 인재의 자격조건 세 가지, '넓게 익히기·논리적 사고력 증진·소통의 확대'와 관련된다. 이 세 가지 자격조건은 다양한 지식과 정보를 습득 하는 것(넓게 익히기)인 동시에, 그것에 필요한 사고력(논리적 사고력 증진)과 효율적 방법(소통의 확대)이라는 점에서 통섭의 앞부분에 필요한 역량이다. 그러므로 이 세 가지 자격조건과 종합적 사고력이 결합하여 통섭 전제를 위한 역량을 구성하는 것이다.

최한기의 종합적 사고력을 기르는 방법은 바로 이러한 특징에 기인한다. 그는 먼저 통섭 역량을 구성하는 앞부분의 세 가지 자격조건과 뒷부분의 종합적 사고력이 마치 조건과 결과의 관계로서 결합되어 있다는 점에 주목한다.

조건과 결과의 관계란 인과관계의 한 유형으로서, 조건의 충족 여부에 따라 결과가 달라지는 것을 말한다. 육상 선수의 훈련을 조건이라고 한다면 육상 기록은 그 결과라 할 수 있다. 그리하여 훈련을 열심히 함으로써 조건을 충족시킨다면 기록이 단축되는 결과를 낳는다. 훈련이라는 조건을 더욱 충실히 채울수록 육상 기록은 더 좋은 결과를 낼 수 있을 것이다. 이것이 바로 조건과 결과의 관계이다.

통섭의 앞부분과 뒷부분의 관계도 조건과 결과의 관계와 같다. 즉 '다양한 정보와 지식의 습득'이라는 앞부분에 더욱 충실할수록, '융합하여 새로운 하나로 만듦'이라는 뒷부분은 더욱 좋은 결과를 낼 수 있다. 신상품의 디자인에 관한 아이디어가 더욱 다양하고 다채로울수록 그 결과의 만족도가 더욱

올라가는 것처럼 말이다. 이처럼 통섭의 앞뒤 두 부분은 조건과 결과라는 관계로 결합되어 있다.

통섭의 앞부분에 해당하는 역량은 넓게 익히기·논리적 사고력·소통이며, 뒷부분에 해당하는 역량은 종합적 사고력이다. 그러므로 앞의 세 가지 역량들을 충실히 갖출수록 종합적 사고력은 더욱 증진될 수 있다. 다시 말해 종합적 사고력을 기르는 가장 기본적인 방법이 '넓게 익히기·논리적 사고력·소통'의 충실함에 있다는 것이다.

이 방법은 매우 단순한 듯 보이지만, 사실 가장 효과적인 방법이라고 할 수 있다. 종합적 사고력을 발휘하여 어떤 문제를 해결하고자 할 때, 가장 먼저는 그 문제와 관련된 정보와 지식이 내게 갖춰 있어야 하는 것과 같다. 역사와 과학 지식을 동원해야 풀 수 있는 문제에서는 가장 먼저 내게 그 지식들이 있어야 한다. 만일 그 지식들이 내게 없다면 종합적 사고력은 발휘될 기회조차 없을 것이다. 반대로 내게 충분한 역사와 과학 지식이 있다면, 그 지실들을 종합하여 문제를 해결하는데 큰 강점을 갖게 된다.

이처럼 종합적 사고력을 기르기 위해서는 무엇보다 충분한 정보와 지식을 갖추는 것이 중요하다. 충분한 정보와 지식을 갖출수록 직면한 문제 해결을 위해 필요한 정보와 지식이 무엇인지를 판단하는 안목이 달라진다. 그리고 그 안목이 달라지면, 남들보다 더 빨리, 그리고 더 효과적인 해결책을 찾을 수 있을 것이다. 그러므로 넓게 익히기·논리적 사고력·소통을 충실히 하여 충분한 정보와 지식을 갖춘다면, 그에 따라 종합적 사고력도 증진될 수 있다.

요즘 세계적인 IT기업들은 신입사원을 채용하는 데 있어 IT 분야의 전공자만을 채용하지 않는다. IT분야와 전혀 상관없는 인문학을 비롯한 다양한 학과의 전공자들을 채용하곤 한다. 그 이유는 IT관련 제품의 소비자가 결국은 사람이라는 점에 있다. 아무리 최신 기술이 응축된 제품이라 할지라도 소비자들의 편의와 요구 및 취향 등을 고려하지 못하면, 결국은 실패한 제품이 되고 만다. 그러므로 다양한 전공자들은 채용하여 소비자의 취향에 부합한 IT 제품을 만들고자 하는 것이다.

IT 기업들의 이러한 새로운 변화를 선도한 것이 바로 애플의 스티브 잡스이다. 그는 IT 제품에 있어 인문학의 중요성을 인지하고, 휴대폰 제조에 인문학과 과학기술의 융합을 시도하였다. 아울러 소비자들이 디자인에 민감하게 반응한다는 것을 알아차리고, 휴대폰의 포장상자·휴대폰의 외부 디자인·아이콘의 디자인까지 모두 저작권에 등록 할 만큼 심혈을 기울였다. 그 결과 탄생한 것이 아이폰이다. 아이폰은 출시 당시 세계의 여러 휴대폰들 가운데 가장 다양한 지식들의 융합체라 할 수 있었고, 그 결과 세계 시장을 석권할 수 있었다.

이처럼 아이폰의 성공 비결은 다양한 지식들을 휴대폰 제조에 융합한 종합적 사고력에 있다고 할 수 있다. 그리고 이러한 종합적 사고력은 스티브 잡스가 널리 섭렵한 지식과 정보들에 근거한다. IT 전문가인 그가 가진 인문학에 대한 관심과 조예가 휴대폰 제조에 있어 남들과 다른 종합적 사고력을 발휘할 수 있었던 것이다.

종합적 사고력은 이처럼 습득한 지식과 정보의 양에 의해 좌우된다. 바꿔 말하면, '종합적 사고력'은 '넓게 익히기 · 논리적 사고력 · 소통'의 여부에 따라 달라질 수 있다는 것이다. 그러므로 최한기가 통섭의 앞부분과 뒷부분의 연결성에 주목하여 앞부분의 세 가지 자격조건을 종합적 사고력을 증진하기 위한 방법으로 제시한 것은 유효한 진단이라 할 수 있을 것이다.

유학에서는 '이상적 사회의 건립'을 철학의 최종 목표로 삼는다. 유학자에 속하는 최한기 역시 그것을 철학의 최종 목표로 삼고 있지만, 주희와 비교한다면 이상적 사회의 건립을 위한 구성요소에서는 큰 차이가 있다. 최한기는 윤리 뿐 아니라 자연에 관한 과학적 지식을 필수적 구성요소로 강조하는 반면, 주희에게서는 과학적 지식이 필수적인 요소가 아니다.

주희가 윤리만을 필수적 구성요소로서 강조하는 근본적 이유를 자연과 인간의 근원인 이(理)로부터 소급할 수 있다. 이(理)는 자연과 인간의 근원으로서, 자연법칙과 윤리 모두가 이에 근거한다고 주희는 설명한다. 하지만 자연법칙과 윤리 모두가 이라는 공통된 근원을 갖는다는 점에서 양자의 구분은 오히려 모호해지며, 나아가서는 윤리가 자연법칙을 대체하는 결과를 초래하게 된다. 그리하여 주자학에서 이(理)가 실현되는 이상적 사회의 건립은 윤리에 초점이 맞춰져 있다.

반면에 최한기 철학에서는 자연법칙과 윤리 사이에 분명한 구분점이 존재한다.

> 자연이란 인력으로 증감할 수 있는 것이 아니다. 반면에 윤리란 인간에게 속한 것으로서 추측의 결과에 따라 변화한다.[73]

> 자연의 사물은 기가 응집된 것이므로 그 이치가 변하지 않는다. 그리하여 그 안에는 선악의 윤리가 없다. 반면에 윤리는 마음의 추측을 통해 결정되는 것이므로 그 이치에 변화가 있으며 선악의 구분도 발생한다.[74]

최한기 기학에서 자연과 인간의 근원은 기이다. 하지만 서양 과학의 성과를 수용한 그의 기 개념에는 윤리와 같은 가치적 측면이 철저히 배제되기에, 자연법칙과 윤리에는 분명한 구분점이 있다.

자연법칙은 자연에 담겨 있는 고유한 법칙으로서, 운동과 변화라는 일종의 물리적 성격만을 갖는다. 그러므로 자연법칙

---

[73] 최한기, 『추측록(推測錄)』 권2, 「추기측리(推氣測理)」 '자연당연(自然當然)'

[74] 최한기, 『추측록(推測錄)』 권6, 「추물측사(推物測事)」 '물리유정사리무정(物理有定事理無定)'

의 탐구란 인간이 추측을 통해 자연에 내재한 고유의 법칙을 발견하는 일이다. 반면에 윤리는 기에도 자연에도 내재되어 있지 않다. 윤리는 철저히 인간의 추측 이후에 발생하는 것으로서, 선악 등의 윤리적 당위는 철저히 인간의 판단과 선택에 달린 문제가 된다.

자연법칙과 윤리 사이의 이러한 분명한 구별은 이상적 사회의 건립에 윤리 뿐 아니라 과학 지식 모두를 필수적 구성요소로 삼게 한다.

> 자연법칙에 관한 지식이 밝아질수록 이상적 사회를 건립하는 일도 점차 밝아질 수 있다. 달력을 만드는 역법에 관한 지식과 지구에 관한 과학적 지식이 사회의 발전과 어찌 무관할 수 있겠는가.[75]

최한기는 많은 한역서학서를 탐독한 후, 서구 사회의 발전과 과학 지식과의 밀접한 관련성을 발견한다. 지구 공전의 발견이 역법의 발전을 가져와 그들의 삶을 변화시켰고, 항해술과 지리학을 통해 신대륙이 발견되었으며, 이것은 다시 국제 무역을 확대시켜 경제적 풍요를 가져온 점 등이 바로 그것이다. 최한기가 이상적 사회 건립에 윤리뿐 아니라 과학지식을 필수적 구성요소로 파악한 것은 바로 이러한 점을 알게 되었

---

[75] 최한기, 『신기통(神氣通)』 권1, 「체통(體通)」 '고금인경험부등(古今人經驗不等)'

다는데서 근거한다.

이러한 점에서 볼 때, 최한기와 주희가 파악한 이상적 사회 건립의 구성요소에서의 차이는 근본적으로 각자가 습득했던 지식의 차이에서 비롯되었다고 할 수 있다. 주희는 유교뿐 아니라, 불교와 도교의 사상에도 정통하였고, 그 결과 유교를 중심으로 이들을 적절히 융합하여 시대를 선도할 만한 철학을 정립한다. 당시 그의 학문은 중국 내에서 독보적인 위치를 차지했을 뿐 아니라, 조선을 비롯한 동아시아 전역에 막대한 영향력을 과시하였다.

하지만 조선의 19세기에 이르러서는 주자학도 하나 둘 문제를 드러내기 시작한다. 사회의 급격한 변화와 혼란 속에서 그간 사회의 지배 이념으로 작동해온 주자학의 변화를 요구하기 시작한 것이다. 이러한 상황 속에서 여러 실학자들과 마찬가지로 최한기 또한 시대의 위기를 극복하기 위한 새로운 철학체계를 수립하였고, 그것이 바로 그의 '기학'이다.

최한기가 주자학을 벗어난 새로운 철학을 수립할 수 있었던 것은 주희가 접하지 못한 새로운 지식, 즉 서학을 접했다는 데 있다. 주희가 접했던 지식만을 가지고 주자학을 극복하기란 어려울 것이다. 주자학과 차별화된 기학만의 독창성에는 서학, 즉 서양의 과학기술의 영향이 지대하며, 그 대표적 예가 바로 이상적 사회 건립을 위한 구성요소의 차이였던 것이다.

'이상적 사회의 건립'이라는 동일한 문제를 해결하는 데도 이처럼 각자가 습득하고 활용한 지식에 따라 그 결과는 달라진다. 이것이 바로 최한기가 종합적 사고력을 증진하는 방법으로서 '넓게 익히기·논리적 사고력·소통'을 강조한 이유이다. 이 세 가지 조건들을 충실히 하여 지식의 지평이 확대되면, 그 만큼 종합적 사고력의 내용과 수준은 달라진다.

오늘날에는 종합적 사고력을 증진시키는 여러 가지 방법들이 개발되었고, 그에 관한 연구도 꾸준히 지속되고 있다. 통섭의 시대에 종합적 사고력이 중요시된다는 점을 반증하는 것이라 할 수 있다. 최한기가 제시한 종합적 사고력을 기르는 방법은 오늘날의 진보된 방법들과 비교하면 초보적인 형태를 띤다고 할 수 있을 것이다. 그럼에도 그가 제시한 방법이 종합적 사고력의 핵심적 부분을 거론하고 있다는 점에서 의의를 찾을 수 있으며, 더욱이 통섭에 있어 종합적 사고력의 중요성을 인지한 것은 오늘날에도 여전히 유효한 관점이다.

제4장 통섭형 인재의 리더십

시대의 흐름에 따라 인재상 또한 변하기 마련이다. 21세기에 요구되는 인재상은 바로 통섭형 인재이며, 우리는 이를 위한 자격조건 네 가지를 위에서 살펴보았다. 그렇다면 이 자격조건들을 모두 갖춘 통섭형 인재는 과연 현장에서 어떤 장점들을 발휘하며, 다른 인재상과는 어떠한 차별적 특징을 가지는가? 우리는 최한기 철학에서 나타난 리더십 개념을 통해 그 장점과 차별적 특징을 살펴볼 수 있을 것이다.

1. 지덕일체의 리더십

지덕일체(知德一體)라는 것은 지와 덕을 고루 겸비했다는 의미로서, '지'는 '지식'을 '덕'은 '도덕성'을 가리킨다. 여기서 도덕성은 오늘날 흔히 말하는 '인성' 혹은 '사람의 됨됨이' 등으로 봐도 무방할 것이다. 유학은 공자로부터 이러한 지와 덕을 겸비한 지덕일체의 리더십을 강조해왔다. 지식은 일을 효과적으로 처리하기 위해, 덕은 타인과의 관계를 조화롭게 유지하기 위해 필요한 것으로 파악하고, 이 두 가지를 리더의 핵심 덕목으로 여겨왔던 것이다.

이처럼 유학에서는 지와 덕을 겸비한 인재를 강조해왔지만, 지와 덕의 무게 중심을 따려보면 어디까지나 그 중심은 덕에 있었다. 더욱이 유학이 발전함에 따라 덕은 더욱 강조되는 경향성을 보였고, 신유학이라고 일컬어지는 주자학에 이르러서는 지덕일체가 아닌 덕의 리더십이라고 할 만큼 덕의 중요성은 더욱 강조되었다.

유학이 애초에 지식보다는 덕에 무게 중심을 둔 것은, 지식으로 일을 처리할지라도 결국 일은 인간이 하는 것이라고 여겼기 때문이다. 일을 효과적으로 처리하는 것은 물론 지식에 달려있다. 하지만 그 일을 통해 자기의 이익을 추구하느냐 공공의 이익을 추구하느냐는 그 사람의 도덕성에 달려있다는 관점이다. 더욱이 공공의 일을 처리하는 관료에게 있어 지식보다 덕이 중시되는 것은 유학에서 당연시 여기는 것이었다.

이러한 유학의 입장이 고리타분한 비현실적인 것만은 아니다. 지식은 뛰어나지만 도덕성이 결여되어, 오히려 그 지식이 범죄와 부정부패로 악용되는 사례들을 종종 접하곤 한다. 법에 대해 더 많은 지식을 가진 범죄자일수록 법망을 피해 더 많은 범죄를 저지를 수 있는 것이다. 더욱이 국가의 정치적 리더가 도덕성이 결여된 경우를 상상해본다면, 지식보다는 도덕성에 무게 중심을 둔 유학의 입장도 분명 설득력이 있다고 할 수 있다.

공자가 정치에 있어 '덕치'(德治: 덕으로 다스린다)를 강조한 것도 바로 이와 같은 맥락이다.

> 공자가 말하였다. 덕으로 하는 정치는 마치 북극성이 제자리에 머물러 있으면 뭇 별들이 그것을 향해 도는 것과 같다.[76]

> 공자가 계강자에게 말하였다. 그대는 정치를 하면서 어찌 사람 죽이는 것을 일삼으려 합니까? 그대가 선하고자 하면 백성들이 선해질 것입니다. 군자의 덕은 바람이고, 소인의 덕은 풀과 같으니 풀 위에 바람이 불면 풀은 반드시 눕습니다."[77]

중국 고대의 천문학에서는 북극성은 움직이지 않고 항상 제 위치에 고정되어 있으며, 뭇 별들은 북극성을 향해 회전한다고 파악하였다. 공자는 바로 이 특징에 주목하여 덕치의 효

---

[76] 『논어(論語)』, 「위정(爲政)」 1장.

[77] 『논어(論語)』, 「안연(顔淵)」 19장.

능을 북극성과 뭇 별들의 관계에 빗대고 있다. 뭇 별들이 북
극성을 향해 회전하듯이, 덕이 있는 자가 리더가 되면 사람들
이 저절로 그 주위에 모여 그를 따르게 될 것이라는 주장이
다. 강력한 무력이나, 엄격한 법이 없어도 덕으로서 정치적
평화를 이룩할 수 있다는 공자의 이러한 사상은 덕 중심적 사
유라 할 수 있다. 삼국지에서 간웅인 조조보다 덕장인 유비를
높게 평가하는 것도 바로 유학의 관점이 반영된 것이다.

공자는 또한 덕이 타인을 감화시킬 수 있는 최고의 수단이
라고 말한다. 만일 조직의 리더에게 선한 덕이 있으면, 조직
의 구성원들도 이에 감화되어 저절로 선하게 변화한다는 관점
이다. 억지로 가르치거나 강제로 교정하지 않아도, 구성원들
이 리더의 덕에 감화되어 그를 본받고자 한다면 조직의 미래
는 밝을 것이다. 마치 바람이 불면 풀이 저절로 눕듯이, 리더
가 국가를 덕으로 다스리면 강력한 법이나 군대가 없어도 백
성들이 저절로 그 덕에 감화되어 바르게 될 것이라는 관점이
다. 이처럼 덕치에서는 리더의 덕이 중요시된다.

리더십에서의 이러한 덕의 강조는 맹자에게 그대로 계승된다.

　　만일 왕께서 덕으로 정치를 한다면, 천하의 벼슬하는 자
　　들이 모두 당신의 조정에서 벼슬하고 싶을 것이며, 농사짓
　　는 사람이 모두 당신의 영토에서 농사를 짓고 싶을 것이며,
　　상인들도 모두 당신의 시장에서 장사를 하고 싶을 것이며,

여행객들도 모두 당신의 국가로 여행하려 할 것이며, 폭정
에 시달리는 타국의 백성들이 모두 당신에게 달려올 것이
니, 그 형세가 이와 같다면 누가 이것을 막을 수 있겠습니
까?[78]

맹자가 살았던 전국시대는 중국이 여러 개의 나라로 분할
된 채, 서로 패권을 잡기 위해 시시각각 크고 작은 전쟁들을
벌이며 무력을 경쟁하던 혼란한 시기였다. 이처럼 각 국의 무
력이 강조되던 시기였음에도 맹자는 도리어 덕을 강조하며,
덕으로 정치를 베푸는 나라야말로 진정으로 중국을 통일할 수
있는 나라가 될 것이라고 말한다. 각국의 관료와 백성들이 진
정으로 바라는 나라는 무력으로 승리하는 나라가 아니라, 덕
으로서 서로를 배려하고 위하는 나라일 것이라는 게 맹자의
관점이다. 공자는 정치에 있어 덕의 효능을 말했다면, 맹자는
이것을 한층 더 발전시켜 중국을 통일할 수 있는 실제적 수단
으로서의 덕의 효능을 말하고 있다.

이러한 덕의 강조는 주희에게서 최고조에 이른다. 앞서 설
명했듯이, 주희가 추구하는 이상적 사회란 곧 하늘의 이(理)가
실현되는 사회이다. 하늘의 이(理), 곧 천리는 인간에게 있어
도덕성의 원천이다. 그러므로 천리가 실현되는 사회를 추구하

---

[78] 『맹자(孟子)』, 「양혜왕(梁惠王)」 상편 7장

기 위해서는 도덕성이 강조될 수밖에 없으며, 리더십에 있어
서도 덕에 확고한 중심적 지위를 부여할 수밖에 없었던 것이다.

유학에서의 이와 같은 덕 중심의 리더십은 최한기에 와서
새로운 변화를 맞게 된다. 최한기는 각국이 서로의 문물을 활
발히 교역하는 당시의 세계정세를 알고 있었고, 조선에게도
곧 닥칠 국제사회로의 진입을 예감하고 있었다. 이러한 상황
속에서 그는 서양의 지식을 포함한 다양한 지식들을 넓게 익
히는 것이야말로 조선의 경쟁력을 좌우할 중요한 요소라고 생
각하였다. 이를 위한 최한기의 해법이 바로 지식의 통섭으로
서, 통섭을 위해서는 그간 덕에 비해 상대적으로 경시되어온
지식의 가치를 되살릴 필요가 있었다. 그리하여 그는 지식의
강조와 함께 덕 중심으로 치우친 리더십을 바로잡아 지와 덕
이 균형을 이룬 지덕일체의 리더십을 주장하게 된 것이다.

이를 위해 최한기가 가장 먼저 한 것은 맹자의 성선설에 대
한 부정이다. 성선설이란 모든 인간이 선한 도덕성을 가지고
태어난다는 이론으로서, 인간의 본질을 도덕으로 규정한다는
점에서 덕 중심 리더십의 근본이 되는 이론이었다. 그리하여
그는 성선설을 부정함으로써 인간의 본질이 도덕이 아니라는
점을 밝혀, 덕 중심의 리더십을 극복하고자 한 것이다.

맹자의 성선설은 측은지심(불쌍히 여기는 마음)을 근거로 삼는
다. 누구든지 우물에 빠진 아이를 보면, 저절로 측은지심이
생긴다. 우물에 빠진 아이를 보면 불쌍히 여기라는 것을 배운

적이 없더라도 저절로 측은지심이 발생한다면, 그것은 인간 내면에 측은지심을 발생하게 하는 도덕성이 본래부터 존재하기 때문이라는 것이다. 다시 말해 인간에게는 본디 인(仁)이라는 도덕성이 있기 때문에 우물에 빠진 어린아이를 보면 저절로 측은지심이 발생하게 된다는 주장이다. 맹자는 이와 같은 논리로 수오지심·사양지심·시비지심을 설명함으로써 인의예지의 도덕성이 인간에게 선천적으로 존재한다는 성선설을 확립했던 것이다.

하지만 최한기는 맹자의 이런 주장에 대해 다음과 같이 반박한다.

> 과거에 사람이 무거운 것에 깔리거나 물에 빠지면 죽는다는 사실을 보거나 들어서 알기 때문에, 어린아이가 우물에 빠지려는 것을 보면 두렵고 측은한 마음이 생기는 것이다. 과거에 깔려 죽거나 빠져 죽은 사람에 대하여 본 적도 없고 들은 적도 없다면, 어린아이가 우물에 빠지는 것을 보아도 측은한 마음이 생기지 않을 것이다.[79]

최한기 역시 측은지심이 도덕적 마음이라는 것 자체는 인정한다. 하지만 이 마음이 생긴 이유는 내 안에 도덕성이 원래부터 있어서가 아니라, 과거에 사람이 우물에 빠지면 죽는

---

[79] 최한기, 『인정(人政)』 권9, 「교인문 이(教人門 二)」 '선악허실생어교접(善惡虛實生於交接)'

다는 것을 보았거나 들은 적이 있었기 때문이라는 것이다. 보고 들은 바의 경험이 있기 때문에 측은지심이 라는 도덕적 마음이 발생하는 것이지, 인간 안에 본래부터 도덕성이 있는 것은 아니라는 주장이다.

보고 들은 경험이란 추측 지식을 말한다. 추측은 보고 듣는 경험을 통해 지식을 습득하는 경험적 인식작용이다. 이처럼 최한기는 추측 행위 이전에 인간 마음에 본래부터 내재하는 도덕성이란 없다고 주장함으로써 성선설을 부정한다.

> 어린아이라도 누구나 제 부모를 사랑할 줄 알며, 자라서는 제 형을 공경할 줄 알게 되는 것은 모두 추측에서 나온다. 추측이 없으면 부모와 형이 나의 가족이라는 것을 알수가 없는데, 어떻게 사랑과 공경을 논할 수 있겠는가. 부모와 형 곁에서 태어나고 양육된 사람은 부모와 형이 가족이라는 것을 알기에, 두세 살이 되면 자기 부모를 사랑하고, 자라서는 자기 형을 공경하게 된다. 만약 태어나자마자 바로 남에게 길러져서 가족의 사랑을 받은 경험이 없다면, 오랜 세월이 지났다 해도 어떻게 스스로 부모와 형을 알아보고 사랑과 공경을 할 수 있겠는가.[80]

맹자와 그의 성선설을 계승한 주희는 부모에 대한 사랑과

---

80 최한기, 『추측록(推測錄)』 권1, 「추측제강(推測提綱)」 '애경출어추측(愛敬出於推測)'

형에 대한 공경 역시도 날 때부터 가진 도덕성을 통해 정당화한다. 하지만 최한기는 사랑과 공경 또한 추측을 통해 얻게 되는 지식의 한 종류라고 파악함으로써 성선설을 완강히 부정한다. 더 이상 나의 부모를 추측할 수 없게 되었기에 부모의 얼굴을 기억하지 못하고, 그 결과 친부모를 만나도 사랑과 공경 또한 할 수 없게 된다는 것이다.

최한기는 이처럼 성선설을 부정함과 동시에 도덕성 또한 추측을 통해 얻게 되는 도덕적 지식으로 규정한다. 그리하여 도덕적 지식이 다른 지식들과 마찬가지로 추측을 통해 습득되는 지식의 종류라면, 덕의 리더십만을 강조할 근거 역시 없게 된다.

유학은 덕 중심의 리더십이다. 유학자의 범주에 속했던 최한기 역시 결코 덕의 중요성을 부정하지 않았다. 다만 그가 부정한 것은 선천적 도덕본성이며, 도덕성을 추측을 통해 얻게 되는 도덕적 지식으로 파악했다는 차이가 있을 뿐이다.

지식에는 여러 가지 유형이 있다. 도덕적 지식과 과학적 지식만을 비교하더라도, 도덕은 가치판단에 근거하고, 과학은 사실판단에 근거한다는 차이가 있다. 하지만 19세기 조선의 학자인 최한기가 볼 때 가치판단과 사실판단은 모두 동일한 추측의 헤아림이었으며, 도덕적 지식과 과학적 지식은 모두 추측의 결과로서 획득한 지식일 뿐이었다. 그러므로 기학에서는 지식과 도덕을 구분하여 덕 중심의 리더십으로 흐를 수 있는 여지가 원천적으로 차단된다. 덕 또한 지식 안에 포함되며, 그 결과 지덕일체의 리더십을 정당화할 수 있게 된 것이다.

최한기 당시의 조선은 내외적으로 극심한 변화를 겪고 있었다. 그리고 이러한 변화 속에서의 리더란 덕으로만 치우쳐서는 안 되며, 변화하는 정보와 지식들을 통섭하여 국가를 운영할 수 있어야 한다는 것이 최한기의 생각이었다. 그렇다고 마냥 덕을 경시할 수는 없었다. 리더의 도덕성 또한 조직운영에서의 공공성과 조직구성원의 만족도를 위해 빠뜨릴 수 없는 중요한 사항이었다. 이러한 갈등 속에서 그는 성선설을 부정하여 덕 중심으로 치우친 리더십을 바로잡고, 도덕을 추측 지식에 포함시킴으로써 지식과 덕을 동등하게 강조할 수 있었던 것이다.

이처럼 최한기가 추구한 통섭형 인재란 지덕이 균형 잡힌 인재를 말한다. 지식만이 가득한 인재로 치우쳐서도 안 되고, 사람만 좋은 인재가 되어서도 안 된다. 도덕 또한 여타의 지식들과 마찬가지로 통섭의 대상으로 파악하여 지덕이 균형 잡힌 인재가 되는 것이 필요하다.

2. 상호소통의 수평적 리더십

유학의 정치사상이 지니는 대표적 특징은 백성을 나라의

근본으로 파악하여 정치지도자의 최우선 순위를 백성의 생업과 복지에 둔다는 점이다.

> 백성이야말로 나라의 근본이니, 근본이 견고해야 나라가 편안해진다.[81]

유학에서 정치권력의 정당성을 백성에게 두는 이러한 특징은 민주주의와 유사한 부분이 있다. 미국의 16대 대통령 링컨은 대국민 연설에서 민주주의 기본 원칙 세 가지를 강조한 바 있다. '국민의(of the people)·국민에 의한(by the people)·국민을 위한(for the people)'이 바로 그것인데, 이는 민주주의의 특징을 단적으로 나타낸 명구(名句)로서 평가받는다. 이 가운데 마지막 어구인 '국민을 위한'이 정치의 최우선 순위를 백성의 생업과 복지에 두는 유학의 특징과 유사하다.

그렇다고 유학의 군주정과 민주주의가 유사한 정치체제라는 말은 아니다. 민주주의의 '민주(民主)'란 국민이 국가의 주권자라는 주권재민의 의미를 함축하고 있다. 그러므로 정치인이란 주권자인 국민에 의해 선출된 대표자로서, 국민들의 요구를 실행할 책임을 갖는다.

반면에 유학의 군주정에서는 국가의 주권자는 어디까지나

---

[81] 『서전(書傳)』, 「하서(夏書)」 14장.

군주를 비롯한 관료들이다. 그러므로 유학에서 백성을 위한 정치를 말한다고 할지라도, 그것을 결정하고 실행하는 주권은 전적으로 정치지도자에게 있다. 백성들은 정치지도자의 정책에 따라 수혜를 받는 정치적 객체이자 수동적 존재로서, 정치적 참정권을 소유하고 있지 않다. 그러므로 유학의 '백성을 위한'과 민주주의의 '국민을 위한'은 형식적인 면에서는 같지만 그 내용에 있어서는 분명한 차이를 갖는다. 그리고 바로 이러한 차이에서 유학의 정치리더십은 민주주의와는 달리 권위적이며 수직적인 성격을 띤다.

조선 역시 군주정을 유지하고 있었기에, 유학의 이러한 정치적 특징을 그대로 가지고 있었다. 그렇기에 조선시대의 정치리더십 또한 권위적이며 수직적이었다. 이러한 특징을 고려한다면 최한기 기학에서 상호소통의 수평적 리더십이 강조된다는 점은 매우 독특한 특징이라고 할 수 있다. 그렇다고 그가 군주정을 부정한 것도 아니었다. 그 역시 다른 학자들과 마찬가지로 당시 조선의 정치체제를 그대로 유지하기 원했으며, 유학에서 말하는 백성을 위한 정치를 최우선 순위로 삼았다.

정치지도자는 항상 백성의 요구에 어긋남이 있을까 걱정하고, 백성은 자기의 요구대로 정치가 행해지고 있다는 것을 알고 즐거워한다면, 어찌 한 나라만이 잘 다스려질 뿐이겠는가! 만세의 법도가 될 수 있을 것이다. 만약 백성의 요구를 살펴서 그것으로 정치의 원칙을 삼지 않으면, 비록 백성을 위한다는 말은 하고 있지만 거의가 백성을 해롭게 하는 일이 되고 만다.[82]

다만 차이라면 유학에서는 백성을 위한 정치가 정치지도자의 도덕성에 달려있다고 여긴 반면, 최한기는 그것이 추측에 달려 있다고 한 점에 있다. 도덕성이냐 추측이냐 하는 단순한 차이로부터 최한기의 정치리더십에서는 상호소통의 수평적 성격이 나타나기 시작하는 것이다. 그 이유를 서술하기에 앞서 먼저 유학의 경우를 살펴보자.

맹자가 말하였다. 백성의 윗사람이 되어 백성과 즐거움을 함께하지 않는 것도 잘못입니다. 왕이 백성의 즐거움을 즐거워하면 백성들도 왕의 즐거움을 즐거워하고, 왕이 백성의 근심을 근심하면 백성들도 임금의 근심을 근심합니다. 백성들과 함께 즐거워하고 근심하고도 민본과 위민의 정치를 하지 못하는 자는 없습니다.[83]

유학에서의 정치적 주권자는 왕이기에, 왕이 어떤 마음을 가지고 있느냐에 따라 백성들의 삶이 피폐해질 수도 있고 풍

---

82 최한기, 『인정(人政)』 권6, 「선인문 삼(選人門 三)」 '국심선인(國心選人)'

83 『맹자(孟子)』, 「양혜왕(梁惠王)」 하편 4장

족해질 수도 있다. 자신의 이익만을 추구하는 왕을 만나면 백성은 가난에 허덕이게 되고, 백성의 생업을 중시하고 경제적 부를 백성들과 함께 나누려고 하는 유덕한 왕을 만나면 백성은 풍족하고 편안함에 이르게 된다. 백성을 위한 정치는 결국 정치지도자의 도덕성에 달린 문제로 귀결된다.

반면에 최한기는 백성을 위한 정치는 정치지도자의 도덕성만으로는 해결될 수 없고, 백성이 원하는 것이 무엇인지를 추측함으로써 실현될 수 있다고 주장한다.

> 백성이 원하는 것을 추측하지 않고 혼자 마음에서 얻은 것을 베풀려고 하면, 결국 자기 자신의 마음이 정치의 기준이 되고 만다. 그리하면 인재를 선발하는데 있어서도 오직 자신의 마음을 기준으로 삼게 되어, 자기 마음에 조금만 거슬려도 물리쳐 내쫓는 반면 아첨하고 따르는 자는 등용하게 된다. 백성의 즐거움과 근심을 추측하여 그것을 자기의 즐거움과 근심을 삼지 않고, 항상 자기의 즐거움과 근심을 백성의 즐거움과 근심으로 여기니, 어찌 백성의 원함에 따라 인재가 등용되는지를 기대할 수 있겠는가.[84]

백성을 위한다고 할지라도 그것이 오직 정치지도자의 도덕성에 달린 거라면, 국정 운명이 정치지도자의 독단에 의해 결

---

[84] 최한기, 『인정(人政)』 권20, 「용인문 삼(用人門 一)」 '만성원불원(萬姓願不願)'

정될 수 있다고 최한기는 경계한다. 백성의 즐거움과 근심이 무엇인지에 대해서는 무지한 채 정치지도자의 마음을 기준으로 삼는다면, 정치가 비록 도덕적 선한 마음에서 비롯되었다 할지라도 백성의 요구와는 전혀 다를 수가 있다는 것이다. 예를 들어, 내 입맛에 맞는 음식을 좋은 마음으로 권한다 할지라도 상대방에게는 오히려 그것이 큰 부담이 될 수 있다. 상대방이 그 음식에 알레르기가 있거나 싫어하는 경우, 혹은 다이어트 중인 경우에는 오히려 호의가 독이 되고 마는 것이다.

이것이 바로 최한기가 도덕성이 아닌 추측에 근거해야만 진정으로 백성을 위한 정치가 실행될 수 있다고 주장한 이유이다.

몸은 나 한 사람의 몸만 있는 것이 아니라 모든 백성들의 몸이 있고, 마음은 나 한 사람의 마음만 있는 것이 아니라 모든 백성들의 마음이 있다. 그러므로 모든 백성들의 마음을 추측하여 그 안에서 바른 원리를 찾아 나의 마음을 삼고, 백성들의 몸을 추측하여 정책을 결정해야하니, 이것은 나 한 사람의 몸과 마음에서 나온 것과는 같지 않을 것이다.[85]

최한기 철학에서도 백성을 위한 정치를 결정하는 주권자는 어디까지나 정치지도자이다. 그렇기에 백성을 위해 어떤 정책

---

85 최한기 『인정(人政)』 권10, 「교인문 삼(敎人門 三)」 '지지신심(只知身心)'

을 선택할지를 결정하는 것은 결국 정치지도자의 마음에 달려 있다. 하지만 이 마음은 백성의 요구에 대한 추측을 거친 마음이다. 백성의 육체적·정신적 요구가 무엇인지를 추측 한 후에 그것을 자신의 마음으로 삼아 이와 부합한 정책을 펼쳐야 한다는 것이다. 그래야만 독단으로 흐르지 않고 진정으로 백성을 위한 정치가 실현될 수 있다는 것이 바로 최한기 정치관의 요점이다.

정치지도자가 백성의 요구를 추측하는 행위는 곧 상호간의 소통 행위와도 같다. 백성들이 자신들의 요구를 말하고 정치지도자가 그것을 귀담아 들음으로써 추측이 성립된다는 점에서, 이것은 상호간의 소통과도 같다. 이처럼 최한기 기학에서는 백성들의 필요와 요구를 추측하는 상호소통이 강조된다.

> 추측의 경험은 모든 사람이 다 다름으로, 남이 아는 것을 나는 알지 못하는 경우도 있고 내가 아는 것을 남이 알지 못하는 경우도 있다. 이런 까닭에 마땅히 남이 아는 것을 거둬 모아서 내 지식과 합하고, 내가 아는 것을 널리 알려서 남이 알도록 해야 한다.[86]

> 정치는 모든 사람들이 보고 들은 것을 합하여 나의 귀와 눈으로 삼고, 모든 사람들이 경험하고 추측한 것을 합하여

---

[86] 최한기, 『신기통(神氣通)』권, 「체통(體通)」'통인아지통(通人我之通)'

나의 지식으로 삼는 것이니, 곧 나라 안의 사람들에게 얻은
것을 가지고 나라 안의 사람들에게 전하는 것이다. 따라서
이것은 백성들과 함께 하는 '공동의 학문'이지, 한 사람의
'개인적 학문'이 아니다.[87]

추측은 모든 인간이 공통적으로 소유한 보편적 기능으로서,
백성들 역시 추측을 통해 각자의 지식과 정보를 습득한다. 그
리하여 자신이 속한 지역과 직업, 그리고 성별과 나이 등에
따라 각자가 추측한 지식과 정보는 달라진다. 그렇기에 정치
지도자는 다양한 사람들과의 소통을 통해 국가 전체의 운영에
필요한 지식과 정보를 수렴할 필요가 있다. 만일 이러한 소통
행위가 수반되지 않으면 결국 정치를 주관하는 소수의 견해와
정보로 정책이 결정될 수밖에 없다. 그러므로 백성을 위한 정
치를 위해서는 그 무엇보다도 백성들과의 상호소통이 중요하
다는 것이 최한기의 관점이다.[88]

하지만 문제는 소수의 정치지도자가 백성들 전체와의 소통
을 한다는 것이 현실적으로 불가능하다는 데 있다. 이에 최한

---

[87] 최한기, 『기학(氣學)』 권2-25.

[88] 추측 주체와 추측 대상 모두가 기의 산물로 규정되는 최한기 철학의 체계 속에서 추측은 곧
기와 기의 소통이라 칭할 수 있다. 이런 점에서 소통은 기학전체를 아우르는 핵심원리이다.
소통이 최한기 연구자들에게 본격적으로 주목받기 시작한 것은 한국과 일본의 학자들이 최
한기의 소통 사상을 주제로 2009년 1월 15일 89회 '공공철학 교토포럼'을 개최한 전후의 일
이다. 이 시기를 전후로 하여 최한기의 소통을 주제로 한 논문들이 꾸준히 발표되었는데, 지
금까지 그 수는 8편에 이른다.

기는 각 지역의 백성들과의 소통은 해당 지역의 관료들이 담당하여, 최종적으로는 왕에게 모든 소통의 결과물이 도달될 수 있도록 하는 방안을 제시한다. 물론 이 방법 역시 실현가능성의 한계가 있는 것은 사실이다. 그럼에도 최한기가 도덕성에 근거한 수직적 정치리더십을 소통에 근거한 수평적 정치리더십으로 전환을 시도했다는 점만큼은 부인할 수 없다.

이처럼 최한기 기학에서는 추측을 통해 백성을 위한 정치를 주장했다는 점에서 상호소통의 리더십이 강조되며, 정책결정에 백성들의 의사가 반영된다는 점에서 수평적 성격 또한 강조된다. 군주정의 권위적이며 수직적인 정치리더십이 그에게 와서 상호소통의 수평적 리더십으로 변화하기 시작한 것이다.

백성들의 의사가 적극 반영된 정책에 백성들의 만족도가 높아지는 것은 당연한 결과이다. 다양한 지식을 추측하여 의사결정에 반영하도록 하는 그의 통섭 철학이 정치에 있어서는 이처럼 상호소통의 수평적 리더십으로 발휘된다. 그리고 그 결과 조직구성원의 만족도는 권위적이며 수직적인 리더십에 비해 한층 높아지기 마련이다.

최한기가 주장한 상호소통의 수평적 리더십은 통섭의 시대라고 일컬어지는 오늘날에도 매우 각광받는 리더십의 유형이다. 글로벌화와 정보화가 급속도로 진행되면서 오늘날의 조직들이 처한 환경은 갈수록 복잡해지고 있다. 이러한 상황 속에서 과거와 같이 리더 한 명의 카리스마적 권위로 조직을 운영

직장인이 뽑은 최고의 CEO 리더십 유형 (단위 : %)

59.5 수평형 리더십
17.3 서번트 리더십
11.9 위엄형 리더십
9.3 카리스마적 리더십

※직장인 388명 대상 설문조사   자료 : 휴넷

〈사진 14〉[89]

하는 것은 더 이상 효율적이지 않다.

더욱이 민주주의의 발전으로 인해 사회 구성원들의 자유롭고 평등한 소통욕구와 참여욕구는 그 어느 때보다 더욱 커져가는 실정이다. 과거의 권위적이며 수직적인 의사결정 방식은 점점 그 효력을 잃어가고 있다. 권위적이며 수직적인 조직 구조는 구성원들의 사기와 의욕을 꺾을 뿐 아니라, 나아가서는 조직 전체의 효율성을 저해하는 주요한 원인으로 자리잡기 시작한 것이다.

현대사회에 필요한 리더십은 상호소통의 수평적 리더십이다. 상호소통의 수평적 리더십은 구성원들의 자유롭고 평등한 소통과 참여를 권장할 뿐 아니라, 협업을 통해 조직의 문제를 해결하고자 한다. 그렇기에 조직이 처한 복잡한 환경들을 소통과 협업을 통해 보다 쉽게 극복할 수 있으며, 그 결과 조직 구성원들의 만족도와 조직 전체의 효율성 또한 증가한다. 이런 점에서 본다면, 최한기의 통섭형 인재가 갖는 상호소통의

---

[89] 파이낸셜뉴스, 2015.08.04., 김병덕 기자,
https://news.naver.com/main/read.nhn?oid=014&aid=0003479883

수평적 리더십은 오늘날에도 요구되는 중요한 리더십이 아닐
수 없다.

3. 변화와 혁신의 리더십

오늘날은 지식과 정보의 변화가 더욱 가속화되고 있다. 더
욱이 이러한 가속화는 국민들의 사고방식, 소비 패턴, 산업
환경 등의 변화와 맞물리며 기업들은 그 어느 때보다도 변화
의 추이에 관심을 기울이지 않을 수 없게 되었다. 변화에 따
른 기업의 혁신과 쇄신이 경쟁력인 시대가 도래 한 것이다.
변화에 발맞추어 조직을 쇄신하고, 제품을 혁신하고, 나아가
서는 인재를 혁신해야만 경쟁에서 승리할 수 있는 시대이다.

지식, 정보의 가속화와 함께 기업의 혁신과 쇄신을 요구하
는 또 다른 중요한 요소로서 지식과 정보의 대중화와 개방화
를 들 수 있다. 과거에는 소수의 특정 집단만이 지식과 정보
를 독점하는 폐쇄적 형태를 띠었고, 이러한 독점을 통해 경쟁
력을 유지할 수 있었다. 그러나 현대사회는 정보통신기술의
급격한 발달로 인해 지식과 정보가 점차 대중들에게까지 개방
되고 있다.

인스타그램의 팔로워나 유튜브 채널의 구독자가 많은 파워
인플루언서(power influencer)들은 더 이상 소비자로서만 국한되

지 않는다. 기업의 광고를 대행할 뿐 아니라, 이들의 소비 자체가 곧 해당 제품의 홍보로 연결됨으로써 유행을 선도하기도 한다. 더욱이 페이스북과 트위터 등의 소셜 네트워크 서비스의 폭발적 증가는 각각의 개별 소비자가 제품의 홍보와 유행을 돕는 공급자 역할을 하곤 한다. 소비자와 공급자의 경계가 점차 사라지고 있는 것이다.

현대사회의 이러한 지식과 정보의 대중화와 개방화에 따른 변화는 특정 집단만이 지식과 정보를 독점하여 경쟁력을 유지시키고자 하는 전략을 더 이상 유지하기 어렵게 만들었다. 이제는 지식과 정보의 폐쇄적 구조를 벗어나 각처에서 쏟아지는 지식과 정보에 귀를 기울이고 변화의 트랜드를 읽는 것이 더욱 중요한 시대이다. 변화의 트랜드를 읽고 이에 맞는 혁신과 쇄신이 기업의 경쟁력을 좌우하는 핵심 요소로서 자리 잡은 것이다.

애플이 스마트폰 시장에서 지속적인 경쟁력을 유지하는 비결도 바로 이와 같다. 과학기술의 발전과 소비 트랜드의 변화에 민감하게 반응한 결과 애플은 2007년 1세대 아이폰을 출시한 이후, 12년 동안 11번의 제품 혁신을 이루어냄으로써 여전히 최고의 지위를 지키고 있다. 변화와 혁신의 리더십이 요구되는 사회인 것이다.

19세기 후반 조선의 급격한 내외적인 변화의 소용돌이 속에서 최한기가 변화와 혁신의 리더십을 강조한 것도 바로 이와 같은 이유이다. 조선의 시작과 함께 관학으로 채택된 주자학은 만물의 근원과 인간의 탐구대상을 고정불변한 이(理)에 둠으로써 현실의 변화에 민감하게 반응하기 어려운 구조를 가지고 있다. 이에 대해 최한기는 만물의 근원을 이(理)가 아닌 운화기로 대체함으로써 변화에 유동적인 철학체계를 구축하였다.

> 기의 본질은 변화이다. 우주 내에서는 지구·달·태양·별들이, 지구의 표면에서는 바다와 육지와 여러 생물들이, 사람의 몸에서는 오장육부와 혈맥이 모두 운화기를 따라 움직이고 변화한다.[90]

> 움직임만이 있고, 고요함은 없는 것이다. 움직임에 편안한 것을 단지 고요함ㄴ이라고 칭할 뿐이다. 움직임 가운데 고요함이 있고 고요함 가운데 움직임이 있는 것이니, 비록 이렇게 구별한다 할지라도 결국은 모두 움직임으로 귀결된다.[91]

운화기는 이(理)와 달리 운동과 변화를 본질로 삼는다. 그렇기에 운화기로부터 생성된 우주와 지구 및 인간의 육체와 정

---

[90] 최한기, 『기학(氣學)』 권1-56.

[91] 최한기, 『기학(氣學)』 권2-81.

신은 항상 끊임없이 운동하고 변화하는 존재로 규정된다. 모든 것이 끊임없이 변화하고 움직이는 역동적 세계관이다.

이러한 역동적 세계관은 추측에도 그대로 반영된다. 추측의 대상이 되는 모든 사물은 끊임없이 변화하기 때문에, 추측 또한 일회성으로 그쳐서는 안된다. 사물의 운동과 변화를 지속적으로 관찰하는 지속적인 추측이 수반되어야 한다. 그러므로 과거의 추측 지식도 시간이 지남에 따라 갱신되어야 하며, 갱신된 지식을 통해 사회규범과 제도 모두 혁신되어야 하는 것이다. 천동설은 지동설로 갱신되어야 하며, 이에 따라 달력의 계산과 지리학도 변화하고 혁신해야 한다. 백성의 필요와 요구가 변했다면, 그 변화를 추측하여 정책에서도 혁신을 이루어야 하는 것이다. 이처럼 운화기를 통해 역동적 세계관을 그린 그의 철학에서는 변화에 따른 혁신이 정당화된다.

그의 역동적 세계관에서 변화란 끊임없이 이어지는 것이며, 그에 따라 추측도 지속되어야 한다. 이러한 변화에 대한 추측에 있어 최한기가 가장 중요시한 것은 현 시점에서 나타난 변화의 양상이었다.

만일 옛것과 지금의 것 중에 무엇을 취해야 하는지를 논한다면, 내가 살고 의지하는 것이 지금에 있지 옛것에 있지 않으며, 내가 사용하는 것이 지금에 있지 옛것에 있지 않다는 점을 고려해야만 한다. 그러므로 옛것을 버릴지언정 지금의 것을 버릴 수는 없는 것이다. 가령 선비가 지금의 변화에는 무지한 채 단지 옛 기록만을 가지고 지금의 백성을 다스리고자 한다면, 반드시 추측한 바가 어긋남이 많을 것이니 제대로 다스릴 수나 있겠는가.[92]

과거로부터 이어져 내려온 전통과 관습은 그것만의 가치가 있다. 하지만 19세기의 급격한 변화 속에 놓인 조선의 상황을 고려한다면, 과거의 것만을 고수할 수는 없었다. 지금의 변화 양상을 주목하고 추측함으로써, 그에 따라 혁신을 꾀하는 것이 국가 경쟁력을 위한 최우선의 대책이 아닐까! 이것이 과거보다 현재의 변화를 중시한 최한기의 관점이었다.

만일 A라는 제품의 판매율이 그동안 높았다할지라도 현재 소비 트랜드가 바뀌고 있다면, 현재의 소비 트랜드를 가장 중요한 추측의 대상으로 삼아야 한다. 그렇지 않고 과거의 판매율만을 근거로 삼아 변화와 혁신 없이 과거와 동일한 A제품만을 생산한다면, 그 기업의 경쟁력 역시 하락할 것이다. 이러한 변화와 혁신의 중요성은 비단 여러 조직들 뿐 아니라, 개인에게도 그대로 적용된다. 지금 기업들이 요구하는 것이 만일 컴퓨터 관련 자격증이라면, 내가 준비할 것은 마땅히 컴퓨터 관련 자격증이어야 한다. 그것을 모르고 예전에 공부했

---

[92] 최한기, 『인정(人政)』 권1, 「교인문 사(教人門 四)」 '고금통불통(古今通不通)'

던 다른 자격증 취득에 지금도 열중하고 있다면, 나의 경쟁력
은 그만큼 뒤처지는 것이다.

변화가 이슈가 되는 통섭의 시대에는 변화와 혁신의 리더
십이 필요하며, 이것이 최한기가 통섭형 인재를 통해 추구하
고자 했던 바이다.

제5장 나가는 말

월슨의 『통섭』으로부터 시작된 현재의 통섭 현상은 나날이 심화되고 있다. 한 분야만의 전문성보다는 다양한 정보와 지식들을 융합하여 의사결정에 활용할 수 있는 통섭형 인재가 각광받는 시대가 온 것이다. 이러한 상황 속에서 통섭과 통섭형 인재에 관한 체계적 이론은 미래를 준비하는 우리에게 그 무엇보다 절실하지 않을 수 없다. 이 점에서 최한기의 통섭과 통섭형 인재에 대한 담론은 큰 의의를 갖는다.

이 책의 2장에서는 최한기가 시도한 동서 학문의 통섭에 나타난 현대적 의의와, 그가 제시한 통섭형 인재의 개념과 특성을 살펴보았다. 3장에서는 통섭형 인재가 되기 위한 방법론으로서, '넓게 익히기, 논리적 사고력 증진, 소통의 확대, 종합적 사고력 기르기'라는 네 가지 자격조건을 고찰하였다. 마지막 4장에서는 현장에서 발휘되는 통섭형 인재의 장점과 특징을 리더십의 관점에서 조망하였다.

　　최한기와 21세기인 오늘날과는 많은 시간적 간격이 있음에
도 불구하고 통섭이라는 주제에 있어서는 공통점을 갖는다.
그러므로 그가 제시한 통섭 이론과 통섭형 인재는 이에 관한
체계적 이론이 부족한 오늘날의 우리에게 유용한 지침이 될
수 있을 것이다.

참고문헌

최한기, 『增補 明南樓叢書』, 大東文化硏究院, 2002.

『論語』, 學民文化社, 2003.

『大學·中庸』, 學民文化社, 2000.

『孟子』, 學民文化社, 1998.

『書傳』, 學民文化社, 1990.

『張載集』, 中華書局, 1978.

Wilson, Edward O. *Consilience : the unity of knowledge*, Random House, 1999.

최한기 저, 김낙진 역, 『신기통』, 여강출판사, 2004.

최한기 저, 민족문화추진회 역, 『국역 기측체의』, 민족문화추진회, 1982.

최한기 저, 민족문화추진회 역, 『국역 인정』, 민족문화추진회, 1982.

최한기 저, 손병욱 역, 『氣學: 19세기 한 조선인의 우주론』, 통나무, 2004.

최한기 저, 이종란 역, 『운화측험』, 한길사, 2014.

권오영, 「새로 발굴된 자료를 통해 본 혜강의 기학」, 허탁 편저, 『혜강 최한
　　　　기』, 청계 2004.

김경수, 「최한기 기학과 윌슨 통섭 이론의 상관성에 관한 재검토」, 『한국학
　　　　연구』, 60집, 2017.

김경수, 『최한기 기학의 정치철학적 함의: 민주주의와 민본주의와의 관련성
　　　　을 중심으로』, 경북대학교 박사학위논문, 2018.

김병규, 「惠岡 崔漢綺의 社會更張觀」, 『동서사학』 2집, 1996.

김용헌, 『崔漢綺의 서양과학 수용과 철학 형성』, 고려대학교 박사학위논문,
　　　　1995.

김용헌, 「조선 후기 실학적 자연과의 몇 가지 경향」, 『한국사상연구』 23집,
　　　　2004.

김인석, 『최한기의 기학에 관한 연구: 이학 극복의 측면을 중심으로』, 건국
　　대학교 박사학위논문, 2000.

김정호, 「최한기 기사상의 정치철학적 성격과 의의」, 『정신문화연구』 27-4
　　호 2004.

김종남, 『회의없는 조직』, 플랜비디자인, 2016.

김진웅, 「최한기의 기(氣)-소통 사상 연구」, 『커뮤니케이션학연구』, 21-2호,
　　2013.

김호, 「조선시대의 '學': 자연과 인간의 총섭」, 최재천·주일우 편, 『지식의
　　통섭: 학문의 경계를 넘다』, 이음, 2007.

문성학, 『도덕윤리교육의 철학적 기초』, 경북대학교출판부, 2015.

박민아 외, 『과학 인문으로 탐구하다』, 한국문학사, 서울, 2015

박승억, 「통섭(Consilience): 포기할 수 없는 환원주의자의 꿈」, 『철학과 현상
　　학 연구』 36집, 2008.

박종홍, 「崔漢綺의 經驗主義」, 『아세아연구』 8권 4호, 1965.

백민정, 「최한기 정치철학의 재조명: 통민운화와 정치적 공공성의 문제를
　　중심으로」, 실시학사 편저, 『혜강 최한기 연구』, 사람의 무늬, 2016.

서욱수, 『혜강 최한기의 인식이론 연구』, 부산대학교 박사학위논문, 2000.

성지연, 「인터넷 시대의 소통과 혜강의 변통」, 『윤리교육연구』, 33집, 2014.

아규 마코토(柳生眞), 『혜강 최한기의 추측론 연구』, 강원대학교 박사학위논
　　문, 2006.

에드워드 윌슨 저, 최재천 역, 『통섭: 지식의 대통합』, 사이언스북스, 2005

이남인, 『통섭을 넘어서: 학제적 연구와 교육의 활성화를 위한 철학적 성찰』,
　　서울대학교출판문화원, 2015.

이민호, 『동서양 문화교류와 충돌의 역사』, 한국학술정보, 2009.

이상헌, 「인문학은 과학에 자리를 내주어야 하는가?」, 이인식 외, 『통섭과
　　지적사기』, 인물과 사상사, 2014.

이영찬, 「최한기 기학의 소통적 인식론」, 『한국학논집』 40집, 2010.

이영희, 「두 문화, 사회생물학, 그리고 '통섭'」, 이인식 외, 『통섭과 지적사기』, 인물과 사상사, 2014.

이용범, 『중세서양과학의 조선전래』, 동국대학교 출판부, 1988.

이현구, 『崔漢綺 氣學의 成立과 體系에 關한 硏究: 西洋 近代科學의 流入과 朝鮮後期 儒學의 變容』, 성균관대학교 박사학위논문, 1993.

이현구, 『崔漢綺의 氣哲學과 西洋科學』, 대동문화연구원, 2000.

전용훈, 「과학적 몰이해 위해 쌓은 사상의 누각: 최한기가 추구한 지식의 통섭」, 최재천·주일우 엮음, 『지식의 통섭: 학문의 경계를 넘다』, 이음, 2007.

채석용, 『최한기 사회철학의 이론적 토대와 형성과정: 유교적 사회규범의 탈성리학적 재구성』, 한국학중앙연구원 박사학위논문, 2008.

최소자, 「17, 18 世紀 漢譯西學書에 대한 硏究: 중국과 한국의 사대부에게 미친 영향」, 『韓國文化硏究院論叢』 39집, 1981

한국역사연구회 저, 『한국역사』, 역사비평사, 1995.

홍성욱, 「21세기 한국의 자연과학과 인문학」, 최재천·주일우 엮음, 『지식의 통섭: 학문의 경계를 넘다』, 이음, 2011.